JN192942

Toward a Copernican Change
of Clinical Psychology

心理臨床の
視座の転換
をめざして

倉戸ヨシヤ Yoshiya Kurato

ナカニシヤ出版

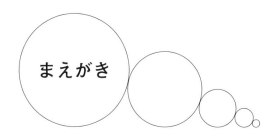

まえがき

　本書は『心理臨床の視座の転換をめざして』とあるが，いままで学会誌やその他に発表してきた論文をまとめたものである。"視座の転換をめざして" と題したのは，ややもすれば "医学モデル" や "因果論" に傾くきらいのある心理臨床の在り方に対して，私なりに軸足をよりヒューマニスティックでホーリスティックな視点において論考したものである。

　具体的には，人生や物事を "勝ち組-負け組" や "原因-結果" のようなリニアーな尺度で物事を見ないでプロセスを紐解き，全体的にあるいは循環的に見ること，人間関係を上下など縦の関係ではなく横のホリゾンタルな関係で見ること，それに既存の価値観に囚われないこと，などである。

　第1章「スピリチュアルな経験」は，日常の人間関係や心理臨床に携わる中で私が経験したものを記述したものである。それらの関係の中で，ついぞ予測し得ない，いわば未知の体験へと誘われたときのことである。そこでは一体となり，一人ではない，繋がっている，響き合っているなどの体験が実感され，出会った人であれクライエントであれ，互いに感極まって，超越的で不思議な領域に入る。それはいままで経験したことのない，すこぶる神秘的で霊的な気分になる。それらについて記述している。

　第2章「いと "弱き" もの：その視座の転換」は，"弱き" ものと世間では言われるが，実は，強きものであったという視点のコペルニクス的転換を示唆する論考が繰り広げられている。

　第3章「怒りはひとりでには惹起されない：そのメカニズムの探求」は，怒りは関係性の中で惹起されることで，それゆえ，怒りを我慢しなさい，怒りを表出することは幼稚だとする考えやその人の性格に帰属する現状に対して一矢

を放した論考である。

　第4章「現代の"魔女狩り"と人間性：人間の性との闘い」は，現代において虐げられ，不条理に苦しんでいる人を覚えたとき，それを構造的に見ると，私の中では中世の魔女狩りと重なるという論である。現代人は気がついていないが，"勝ち組"の仲間に入ろうと，いつの間にか，現代の"魔女狩り"の執行人となる。一方，人は容易に"魔女"に仕立てられてしまう。その辺りを論考したもの。

　第5章「包括的心理臨床における"癒し"の研究：バリ島における調査から」は，バリ島にはトポス的やパトス的な社会構造が存続し続けて，それらが人々の生活の基盤や困難に遭遇したときの"癒し"になっているという論考である。バリ島のヒンドゥー教の価値観からすれば，"善"も"悪"も両義的な意味があり，排除し，忌み嫌う存在ではない。

　第6章「老若のつながり」は，意識下に押しやっていた老いの側面を意識化すると，老いの中にある若さという新しい側面や価値への気づきが得られることをケースにより見たもの。自然への回帰，宇宙へのいざないを暗示するコスモロジーへとつながる。

　第7章「老いにみる男らしさ」は，「若さを保つことや善をなすことはやさしい。（中略）だが心臓の鼓動が衰えてもなお微笑むこと，それを学ばなければならない。それができる人は老いていない」というヘッセからの引用と重ねて，老いの中におけるケースやエクササイズにみる男らしさを考えた。

　第8章「教師から見た教育の可能性」は，"教師受難の時代"と言われているが，教育現場では熱心な教師ほど燃え尽き症候群に陥るものが増加しているという。まさに教師受難の時代を物語っていよう。指導力不足や精神的疾患の見られる教師を"摘発"するだけでは十分でなく，教員養成課程の問題や教師を育てない地域社会の問題もある。それゆえ，教師に教育の可能性を引き出させるような環境やシステムの整備が必須となる。

　第9章「幼児・児童・生徒への大震災時の心のケア：その功罪と教職員が二次災害にならないために」は，阪神・淡路大震災と東日本大震災の両方で被災した経験を踏まえて，心のケアはどうあるべきか，その功罪と教職員が二次災害にならないための知見を開陳した論考である。

　第10章「若者の心の問題と心理的援助」は，福島学院大学大学院に赴任したときの大学院開学記念講演を基に書き下ろしたものである。若者が大人へと成長し，社会で生きていくためには“社会化”と“個性化”とを両立させることが必要になるが，現代の若者は実存的真空状態にあるためにか，それを困難にしている。私の若いときを振り返りながら，どう援助したら良いかを述べたもの。

　第11章「気がつけばカウンセラー：私は何故カウンセラーになったか」は，カウンセラーになることに影響のあったエピソードを始めとして，専門家を目指して学んだこと，カウンセラーの喜びと苦しみ，カウンセラーとしての将来像などを，かなり告白的に述べたもの。

　以上は，日本心理臨床学会2018年度学会賞を授与した記念に，いままでの自分の心理臨床の歩みの振り返りとして，まとめたものである。心理臨床の視座の転換をめざした私の生きざまを少しでも読みとっていただければ幸いである。

　論文は，1993年から2017年まで間に発表したものである。それゆえ以前に発表したものには，当時の文脈を壊さないようにとそのまま掲載したので表現や数字が現代と比べ違ったものも含まれている。ご容赦いただければ幸甚である。

西宮の自宅にて

著者

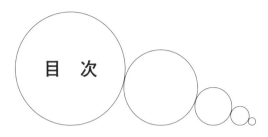

目　次

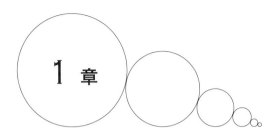

スピリチュアルな経験

　学生のころよく山登りをした。山小屋で夜に火を囲んでいると同行の一人から，「妾の子なので父親の顔を知らない」と，ぽつりと打ち明けられたことがあった。それは，山登りでは，ときに経験することであったが，学生であったし，どのように介入したらよいかのすべを知らなかった。ただ誠実に聞こうとしていた自分があったことを思い返すことができる。私は，「俺はなんで妾の子なのか」と，彼の打ち明けてくれたその苦渋の重さに，まさに，からだを硬直させ，はぐらかしてはいけないとだけ思っていたのであるが，我を忘れて，彼の心の奥に思いをやっていた。何ともいえない，不思議な，今思えば，未知の世界なのであるが，心が通い合うスピリチュアルな体験であったといえる。なぜなら，彼も，私も，どんどん純化し，高められた世界に畏れおののきながら，その場にしばし酔っていたからである。

　思い起こしてみると，心理臨床においても，多くの場合，クライエントもセラピストの私も，ついぞ予測しえない，いわば未知の体験へといざなわれるときがある。そこでは，一体となり，ひとりではない，つながっている，響き合っているなどの体験が実感され，クライエントと私との関係性のなかで互いに感極まって，すこぶる神秘的で霊的な気分になる（倉戸，2003）。

　一つ心理臨床例を挙げよう。あるカウンセリング研修会の参加者との経験である。その参加者は夢を話したいという。その夢とは，「ひょうたん型をした

古い池があり，茶褐色をした泥土の中を魚の群れが死にそうに喘いでいる。そこで池の掃除をしようとして水を流し込む。やがて池は透明になって魚も泳ぎ出す。一か所，池の底に窪みがあり汚れているので両手を突っ込んで底浚をしようとすると，どす黒い汚れた蒲団袋に入った真っ白な掛蒲団が出てきた。開けてみると，真っ赤な血が滴るなかに，目をきょろきょろさせた赤ん坊がくるまっていた」（実名で発表されている紀要論文があるが，ここでは〝ある参加者〟としておく。また，著者名・文献名を伏せておくことにしたい）というものであった。この参加者の声，語り口調とも相まって，その場に居合わせた24人の参加者は，あまりにも強烈で深淵な夢であり，腰を抜かしたのか動けなく，しばし茫然としていた。私も例外ではなく，畏れおののいていたが，〈まず語り終わって，"今・ここ"で，何か"形"となって意識に上ってくるものはないか〉と介入した。参加者からは，「赤ん坊は死にかかっている現実の自分であるが，しかし夢で助け上げられ，新しい自分の誕生のように感じられる」との返事が返ってきた。〈夢のなかの赤ん坊はご自分だとおっしゃる〉と私。さらに私は，〈突然ですが，赤ん坊になってみませんか。これはイメージ法なのですが……〉と誘った。ここで一言断っておかねばならないが，この研修会はカウンセリングの研修会ではあるが講義もあり，また，ゲシュタルト療法とインフォームドしたものではなかったので，セラピューティックに関わっていいものか躊躇があった。しかし，参加者の強烈な夢の開示に自然にからだが私らしい介入をしてしまっていたというのが事実である。

　参加者は，「私は赤ん坊です。布団のなかで苦しかったけれど（号泣）……今は呼吸をしています……あたりは透明な水が溢れていて私のからだについている血や胎盤の残りなどを奇麗にしてくれています。私の誕生です（笑みを浮かべながら号泣）……」。

　講師として介入していた私ももらい泣きをする。他の参加者も声を上げて泣くものや，すすり泣きするものがいた。圧倒されるような荘厳な空気が漂うなか，声には出さなかったけれど，よくぞここまで辿り着いたものだと私は思った。車座になっている24人と私の集団は，参加者を中心にして一つになっているようであった。〈胸がいっぱいになっています。○○さんの誕生やな。新たな生命の誕生ですね……。ところで蒲団にくるまっている赤ん坊を発見した

のは誰ですか〉。「私です……そう私が見つけて，私が私を見つけたんです！」と参加者。〈そうですよね……何か，ここまできて今，お気持ちのなかに出てきているものがありますか〉と，さらなる介入をした。

　すると，「はっとした」と，参加者。「毎日の業務で燃え尽きかけている。人生50年と心得ていて，現在，50歳なので死を覚悟していたのだが，生き返った」と。そして，20年以上も前の経験が蘇ってきたという。「かつて私は，ある研修に参加していたとき，仏を見た。人体よりやや大きな目の美しい仏像3体が，金粉が漂う中に現れた。それは，あまりにも奇異なことであったので，人には話さなかったが，その後，私の人生観は変わった」という。その20年以上前の研修会に奇しくも私も講師の一人として参加していたので，〈ご一緒していましたね。覚えていますよ。片ときも忘れたことはありません。私はそのときの経験がきっかけとなり，留学を決意したのです。いい加減では駄目だ。もっと心理臨床と本格的に取り組みたいと思ったからです。ですから，私が今あるのは，そのときご一緒したのが原点です。そして20年以上の歳月が経ち，この地に赴任し，今，こうして再び巡り会うことになりました。運命の限りない神秘さの前におののいています。この20数年にわたる○○さんのご心痛はいかばかりか，そしてここまでいらした道のりを思うと，胸がいっぱいになります。（中略）今日は，○○さんの新たな"誕生"を心から祝福したい〉と，私の気持ちを開示した。研修会は，全員が興奮する渦の中で修了した。

　後日，そのときの夢を通して新しい誕生を果たしたことを中心に記した紀要論文が私の元へ送られてきた。そこには，参加者の20年以上前の経験が「元型：根源的な体験」という理論的な裏付けとともに述懐されていた。要約すると以下のごとくである。

　「想い出せば，かれこれ20年あまり前，寺院が会場のカウンセリングの合宿研修会に参加した。大広間で80名くらいの参加者が沈黙して車座になっているなかで，講師の先生は，ひたすら受容につとめ，『はあ，はあ』とだけ返していた。私は，『人間とは何か』『自分とは何なのか』を自問自答していた。他の参加者がそれぞれ自己開示していたのだが，涙を流しながら語るものもいた。聴きながら，私は身体に奇妙な変化を感じていた。何か研ぎすまされたような状態で，しかも全体が何もないのに充実感があり，ぽつんぽつんと生命体のリ

ズムのようなものが，座っている腰の方から脊髄を上っていくようであった。（中略）その場に居たたまれず，部屋へ走って逃げた。部屋の中で泣いて，泣いて，とめどもなく涙が出た。死んだ母親の魂が側にきているような，母性的な雰囲気に包まれた。つぎの瞬間，野生動物のような声が自分の口から飛び出し，人間の世界から離れたようになり，急に周りがおそろしくなって，その部屋を出た。暗がりからなにか襲ってくるような恐怖に怯えながら，郷里へ『明日の朝，早くここを発って帰るから』と連絡をした。

　しかしその晩は神経が冴えて寝られなかった。家のルーツ，祖母と母親の確執のなかで素直に自分が出せなかったこと，生まれてから今日までの反省や悔悟など，次々と浮かんできたからであった。外が白みかける頃，障子の向こうから，すさまじい無意識の影が襲ってきた。恐怖が走り，蒲団を頭から被り大声を上げた。

　神仏に助けを求めようと，蒲団をはね除けた。向こうから世話人の倉戸先生や○○先生など三名の人がこちらに近づいてきた。何か救われた気になって，手をさしのべた瞬間，三人の姿は仏に変わった。三体の仏は，無表情のようであったが，暖かく柔らかで人よりやや大きく感じた。それらはピンクと空色で覆われ，金の縁取りで白っぽく，その後に金粉の環の光背が輝いて美しかった。私は慈悲の実感を味わっていた。（後略）帰宅し，数日経ってから，からだの動きも次第に活発になり，四国札所一番寺から五番寺へお参りに出た。巡っている途中は，いままでにない祈りの気持に満たされていた。そして研修以後，人間の心に浮かぶ象徴，人間の実存，もっと広げて宇宙の秩序の前の人間の無力さ，傲慢さなどを思い知らされる日々を送った。」

　この論文は，確かに私的で，「仏を見た」など，あまりにも超自然的で赤裸々過ぎる自己開示であるのかもしれない。しかし，副題に「元型：根源的体験」とあるごとく，深淵であるが，論文の形式をとっている。それによれば，20数年前の経験は参加者をして，「性，愛憎，物欲，自己，抵抗，死」への分析を促進させるものとなっている。さらには，異常体験に関する論文の読破，家庭内暴力や自閉症の理解へと進められて，自らの相談活動のエネルギーと昇華されている様子が記述されている。

　参加者自身も，「論文に私的な文章を載せるのは場違いかもしれない。また，

感情や本音を大勢の人前に晒すことは危険であるといわれていることも知っている。しかし，ありのままの表現の自由は人間性の解放につながることも，芽生えてきているように思う」と，論文を締めくくっている。

　さて，以上は，山登りでの経験，そしてある研修会での経験であるが，登場人物のみでなく私もスピリチャアルな経験をさせてもらっている。そこで，スピリチュアルな経験とはについて，振り返ってみたい。

　スピリチュアル，Spiritual の語源は旧約聖書にあるといわれている。そこで，旧約聖書を見てみると，創世記2章の7節に「主なる神は土の塵で人を造り，命の息をその鼻に吹き入れられた。そこで人は生きた者となった」（聖書，1961）とある。英語版では「he breathed life-giving breath into his nostrils and the man began to live.」（Good News Bible, 1976）とある。語源はラテン語で，「息＝breath」「呼吸＝breathing」であり，「フルートを吹くに似て」息を吹くこととある。その他，「魂＝soul」「心＝mind」「勇気＝courage」（Klein, 1971）とあり，「人が生きた者」となるための，まさに「life-giving breath＝命を与える息」なのである。

　それゆえ，ゲシュタルト療法においても，「命を与える息を吹く」すなわちそのような介入がセラピストにできるかどうかが問われているのである。

　山小屋での例では，セラピーをする意図は，話した側にも聞き役に回った私の側の，どちらにもなかったけれども，「妾の子なので父親の顔を知らない」「なんでだ」という自己開示は，自らの出生の秘密，人としての存在価値を真摯に問うもので，まさに「息を吹き込まれた」ごとく，私でいえば，魂が揺り動かされた経験となったのである。話し手にとっても，「勇気」のいる開示であっただろうし，私との話のなかで「呼吸」し始めたのではなかろうか。もしそうだとすれば，二人にとっては，スピリチュアルな経験といえそうである。これはまた，山や山小屋という雰囲気が背後に存在していたからとも考えられる。山は，その神秘性ゆえにか，いつの場合も，人をありのままの己に気づかせ，謙虚にさせるからかもしれない。

　ある研修会での参加者の夢の話は，セラピューティックであり，まさに感動の連続で，泥土の中の「赤ん坊」の発見は，象徴的ではあるが，参加者をして，「燃え尽きかけていた……死を覚悟していた……」の状態から，「誕生」を経験

し，「生きた者」となる経験であったことがうかがえる。参加者自身も，講師であった私も，それに，そこに集った他の参加者すべてが，驚愕しながら，生命力のすごさを目の当たりにして，誕生の喜びを享受し祝福したのたが，まさに未知なる世界へいざなわれる経験だったといえよう。

　一方，スピリチュアルな体験とは，「ジョハリの窓」でいえば，第Ⅳの「未知（unknown）の窓」の体験であろう（倉戸・石田・遠藤，1998）。この未知の窓を訪ねることが，セラピューティックな経験であり，神秘的で魂を揺さぶられる経験なのである。Frankl 流にいえば，Body と Mind に対する Spirit に当たる経験といえよう。ロゴセラピーの神髄は，この Spirit にある。Jung 流にいえば，「死と再生」が布置されている経験に近いかもしれない。パールズ流には discovery であり，confluence であろう。discovery とは，それまで気づかなかったことへの気づきの経験であり，confluence とはセラピストや参加者との融合，すなわち，ひとつにつながる経験といえる。とにかくいえることは，山登りで出会った仲間であれ，夢を通して出会った参加者であれ，自らへの問いへの手がかりをスピリチュアルな体験を通して見出しているといえよう。そしてそこに臨席を許されたものは，セラピストを含めて，霊的な経験を得ることができたのである（初出：「スピリチュアルな経験」『ゲシュタルト療法入門』（倉戸ヨシヤ編，金剛出版，2011）。

文　献

Bible Society（1976）. *Good News Bible*. London: Bible Society.

Klein, E.（1971）. *A comprehensive etymological dictionary of the English language*. New York, NY: Elsevier Scientific Publishing.

倉戸 ヨシヤ（2003）. いと“弱き”もの——その視座の転換——　人間性心理学研究, *21*(2), 7.

倉戸 ヨシヤ・石田 園照・遠藤 和彦（1998）. 私のスピリチュアルな経験　日本人間性心理学会第 17 回大会発表論文集, 44-45.

日本聖書協会（1961）. 聖書　日本聖書協会

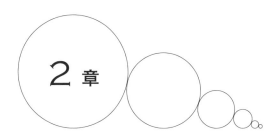

いと "弱き" もの：その視座の転換

プロローグ

　つい最近，私は奇しき縁で，精神病院に50年以上も入院している人を訪問した。その人は，ときに退院しているし，途中で一度は病院を変わってはいるが，思春期に発病し，いまは70歳も半ばを越えている。その間，不明なところもあるが，確かなのは，人生のほとんどすべてを "病院暮らし" していることである。それを思うと胸が締めつけられるが，世間からは "弱き" ものと見なされるかもしれないその人は，人生をどのような思いで生きてきたのであろうか。

　小稿の意とするところは，その思いをこころに刻みながら，"弱き" ものと対峙するとき，自らが問われ，その見方・考え方の転換がみられることを論述することにある。

いと "弱き" もの

　同じように，苦渋の想いを抱いて生きている "弱き" ものは他にもあろう。たとえば，私が出会ってきた "境界例" といわれた人々がそうである。そのうちの一人の女性は，小さいころは朝は一人で起きて一人で朝食を摂っていた。

両親が朝早く農作業に出ていってしまっていたからであるが，心細かったと振り返っている。小学生のとき長兄に嫁がきたが，その嫁（義姉）からことごとくいびられた。「お茶碗に残りかすが付いてる。この家はちゃんと洗ってないのか」といわれたとき，恥ずかしさのあまり我を忘れてしまった。そして気がついたら両親が寝静まってから，こっそりお茶碗を洗っていた。義姉の振る舞いがエスカレートするなか，この"弱き"ものとされる女の子は，背負えるはずもないのに，いつしか一家を背負っていた。

　看護師になり，病院勤務をしたが，患者の面倒見はいいが，患者を代弁するという名目のもとに，無意識に，自分のための戦いをする代理戦争をして医師を手こずらせた。自分を重ねて線引きができなかったからである。

　後年，結婚し，女子を出産するが，育児の仕方が分からなかった。自分の娘が小学生になるころ甘えてきたりすると，一方では，嬉しく思いながら，もう一方では，妬ましく思うようになった。自分の小学生のときと比較してしまっていたからである。この妬ましい気持ちは，頻繁に突出してきて，気がつくと叩いたり，いびっていた。自分が義姉にされたのと同じようなことをしていて，恐ろしくなったという。八方塞がりになり，医師に診てもらうと，"境界例"（Borderline Personality Disorder）ということであった（倉戸，2003）。

　この女性は，世間でいう"弱き"ものであるが，どんな思いで今まで生きてきたのであろうか。

　いま，"弱き"ものといったが，やはりそうであろうか。境界を失くさなければ生きることができなかったのではないか。そこには，境界を失くすまでにけなげに，よかれと思って，懸命に生きてきた姿がある。医学的には，確かに投影同一視し，自他の区別がつかないのであるから，"境界例"の範疇に入るのであろうが，しかしながらその行為は，なんとも"人間的"といえないであろうか。それなのに，医学的なレッテルを貼って済ませているのみでいいのであろうか。

　このような女性の多くは，"いい子ちゃん"すなわち"アダルト・チルドレン"といわれているが，そうならざるをえなかったのである。それ以外にどんな可能性があったというのであろうか。非行に走るか，自害するか，あるいはさらに憂慮される状況にか，いずれかになるのが落ちであったであろう。

　もう一つの例も，やはり "弱き" ものの例である。夫が末期がんの女性である。そして息子は身体に障害をもっている。実家にいたころも，弟が障害をもっていたので子ども時代や思春期のときは惨めであった。最近疲労が激しく，"擦り切れそう" になっている。世の中にはこのような人生を送っている人もいるのである。なんと過酷な試練の連続であることか。しかし過酷な人生の中で，この人はどんな思いで生きてきたのであろうか。

　そのように問うが，渦中にある当事者は，おそらく，そんな思いを思う余裕もなく必死に生きてきたに違いない。感傷的になっているのは，所詮，他人である私だけかもしれない。

　いずれにしても，何年もの間の息子の介護で心身共に疲れているところへ，夫の看病が追い打ちをかけるように重なっているこの人が，"擦り切れそう" になっていたとしても，誰が責められようか。"燃え尽き症候群" という表現があるが，それは「思うように目的を果たせなく，あるいは期待通りにいかないままエネルギーを使い果たしてしまったときに起きる現象」（倉戸，1986）をさしている。比喩的にいえば，あたかもローソクが燃え尽きてしまう様子に似ているのでこの名称があるが，この人の状況がそれに当てはまるのではないか。

　"燃え尽き症候群" の症状は極度の疲労，不全感，怒り，生きる意味の喪失，無気力，食欲不振など，"うつ病" と酷似しているとされている。この人の症状もほぼこれに該当している。

　しかし，ここで問いたいのは，この "弱き" ものを，はなから "弱き" ものとしてしまってよいのかということである。この人の場合も，精魂尽きるまでがんばった人生があるのである。そこに "弱き" ものとして片付けられない何ものかがあるのではないかと思われて仕方がない。

　私が出会ってきた "弱き" ものは他にもいる。不登校で引きこもりの子どもをもつ親がそうである。漱石の『坊っちゃん』よろしく正義感ゆえに他者から浮いてしまって教壇に立てない教師もそうである。職場での成績主義が優先されるなかで倒れた企業戦士も同様である。"弱き" ものはどこにでもおり，見つけるのに苦労はしない。

その人と私

　再び，50 年以上 "病院暮らし" をしている人の話に戻ろう。実はその人から私は潜在的に大きな影響を受けているのである。私が中学生 1 年のころ会っているからである。当時，大学生であったその人は背が高く "かっこ" が良かったが，ラジオでクラシック音楽を聞きながら，いつもからだでリズムをとっていた。私が近くにいくと，曲名を教えてくれ，クラシック音楽へいざなってくれた。また初歩の英語を教えてくれたのもその人である。私が，いささかでも音楽を愛好し，英語が好きになったのは，その人の影響が大なのである。

　その人が入院したことを後日知らされてはいたが，再び会うことはなかった。けれども，どこかにその人のことがこころに残っていて，ときに思い出し，また案じていたのである。私が心理学を志したのも，無意識ではあるが，たぶんに，多感な思春期にその人と出会ったことが動機の一つになっているといえるのである。しかし，我が家ではその人のことは話題に上ることもなく，私は，あたかも忘れてしまっていたかの如く，その人にその後会うことはなかった。そうこうするうちに，50 年という年月が過ぎてしまっていた。

　しかし，私は阪神淡路大震災の地獄模様さながらの光景を体験し，1 年が経たないうちに父を亡くした。加えて最近，弟や親しい知人を末期がんで見送ったこともあり，なぜか無性にその人のことが気になり，消息を知りたくなったのである。その人の方は私のことなんか忘れてしまっているだろうし，今さら会うなんて第一迷惑かもしれない。それゆえまことに身勝手な話なのではある。しかし止むに止まれず，探し求めて訪ねることにしたのである。だがしかしである。私はどんな面を引っさげていったらよいのであろうか。

　やっと訪問した病院の医師によると，現状は安定していて，おとなしく，独りでいることを好むが病院では看護師からも人気があるとの話である。また英語の辞書を放さず，音楽を聴いているときが多いという。しかし定期的に訪問していた家族が亡くなり，寂しそうとのことであった。病院訪問前日に会った人の話によると，大学生のころ発病し，初期には "電気ショック療法（ECT）" も受けたことがあるとのことであった。

　この療法については，私は極度の恐怖と嫌悪感を覚えるが，いくら何年も前といえども，容認されていたことへの怒りを禁じえなかった。思えば若き日に，P. ピネル（1745-1826）がフランスのサルペトリエール病院において入院患者の鎖を解いたという記録やアメリカにおいて精神衛生運動の先駆けとなったC. ビアーズ（1876-1943）の "A mind that found itself (1908)" を読んで心を動かされ，後年，"Counseling in the 21st century: A relativistic look" と題する論文にまとめたことを思い出した（Kurato, 2000）。そんな私の魂が再び揺り動かされる思いがした。

　その人はかつての庄屋の家に生まれたが，農地改革などによりすべてを失って落ち目になった家を再建すべく父親から期待されて育った。男の子はその人一人であったので仕方がなかった。使用人がまだおり，「坊ちゃん」といわれて可愛がられた。もちろん両親や家族からも可愛がられて育ったのであるが，だんだん年齢が進むにつれてお家再興への期待も課せられていった。それゆえ厳しさと重圧も加わり，それに耐えかねたのではないかということであった。

　おそるおそる病院で会ってみると，案の定，私は忘れられていた。当然であった。むしろ忘れられていたことが，50年も会わずにいた私の心苦しさを和らげてくれた。腰が "く" の字に曲がって歩行も困難な様子のその人に，私は必死に話しかけた。いくばくかの短い話のやり取りの後，「音楽をお聴きになっているとか，どんな音楽ですか」「CDっていうのを知ってますか。よかったらお贈りしますよ」と私。その人は，「もういいですよ」と伏し目がちに答える。「そうおっしゃらずに贈らせてください。プレイヤーもシンプルなのが出ていて，だれにでも簡単にCDをかけられるんです」と再度申し出るが，「もういいですよ」を連発するばかり。そして別れ際に，やっとの思いで，その人から音楽や英語の影響を受けて感謝していることを，告げた。その人は，かすかに笑みを浮かべてくれたように思われた。

　帰路の飛行機の中で，私は，緊張のほぐれと，いくばくかの安堵感と是が非でもCDを贈ろうという思いと，しかし突然の訪問が慣れてしまっている入院生活に必要のない刺激を与えなかったか，と自問自答することしきりであった。

　私の方は，職業としては，人生のほとんどを心理臨床の専門家として，あるいは大学の教員として過ごしてきた人間である。もちろん苦労や窮地に追いや

られたこともあったし，喪失の体験もしたし，そして日々のストレスで極度の疲労を覚えてはいるが，しかし今日まで，なんとか無難に過ごしてきているといえる。それに引き換え，その人はどうであったか。70歳半ばを過ぎているが，今まで人生らしい人生を送れたのであろうか。

"のめり込み" かけて

　何もできないことがいっぱいある。むしろ，私は，できないことばかりであるという認識の方が強い。

　ところが，その人との関わりでいえば，私は距離をとらねばと思いながら，どんどんのめり込んでいく自分を感じた。自己矛盾であるが，何もできないのに何かしたいという思いがつのった。それは，その人の影響を受けているのに一度も見舞いに行っていないという後ろめたさと，何もできないのなら，今までの専門家として蓄積してきた援助や介入の勉強は何のためだったのか，すべて無に帰されてしまうように感じられもした。それは，思い上がった感じや何かができるという感じでは決してなく，私のからだのなかから突き上げてくるものという表現の方に近い。

　これは，のめり込んでいる証拠なので，精神分析的には，逆転移ともいえよう。しかし逆転移などという概念では収まりきれない，もっと人間的な感情，純粋に同時代人的感覚，そこに居合わせたものとして感じられる感情，からである。

　私は，もともと，専門的なオリエンテーションとしては実存主義的現象学の立場に属するので，逆転移については introjection したものを projection することと捉えている（倉戸，1988）。それは精神分析とは異なった見方であるが，ただやはり，留意しているのは，距離の取り方の問題である。

　だからといって，無関心で無策であってよいとは思わない。無関心や無策でよいなら専門家とはいったい何をする人なのか。距離を取ることのみを，いつの場合にも，金科玉条としていてよいのか。距離を取ることとはどういうことなのか。それこそ専門家の抵抗であり，自己防衛ではないのか。自問自答を繰り返す私である。

　日頃の心理臨床の実践のなかで，終結時に，「単なる患者の一人というより，一人の人間として応対してもらった」あるいは「人間的に扱ってもらったのでよかった」とクライエントから告げられることがある。また，「心理テストをされ，何がしかの病理を診断されるのではないかと恐れていたが，それが一切なくよかった。心理テストをしないカウンセリングもあるんですね」といわれたこともある。これらのことばに嬉しいと思う。私の心掛けていることが分かってもらえているように受け取れるからである。しかし，これはこれで問題もある。いつもではないが，経験的にいえば，後で，私を独占したがったり，専門家としての私の存在が薄くなったり，そしてときに私の関わりが十分でなくクライエントの自立や自ら生きる力を醸成するところにまで至っていないことがあるからである。

視座の展開

　何もできないという思いは，"弱き" ものもそう思っているのかもかもしれない。今回お会いしたその人の場合も，その人生を思うと，あまりにも悲劇であり，何もできないがゆえに "弱き" ものであった。他の例として取り上げた人たちや心理臨床のなかで出会ってきた人たちも，あまりにも "弱き" ものであった。並のことが何もできないからである。しかし，何もできない "弱き" ものとは，いったい何ものなのであろうか。

　"弱い" は，『広辞苑』（新村他，1999）では，"力が少ない" "耐える力のない" "もろい" などとある。この小稿においても同様の意で用いられているが，"弱き" ものとは，上記に加えて，名もなく世間から置き去りにされているものといえよう。

　しかし，ここに見方や考え方，価値観の問題があろう。すなわち，世間では強いことが良いこと，成功し，名をなすことに価値が置かれ過ぎているのではないか。そういう意味では，小稿で取り上げた人々は，強くない，名もない人々である。まさに，"弱き" ものである。並の人生を送れず，世間からは忘れられ，問題に悩まされ，あるいは病になり，苦難を経験し，運命のいたずらになされるままに翻弄されている。

　しかし結果ではなく，これら“弱き”ものの生きざま，生きてきたプロセスに目をやると，病や苦難，あるいは不条理にたじろぎながらもサバイバルしてきた姿を発見する。それは弱いどころか，凛々しいとさえ感じられる。そこには，幸運に恵まれ出世街道を歩いてきた人より，あるいは成功すること，名をなすことに躍起になって生きてきた人より，むしろ人間的な姿があるのではないか。その人のような，「もういいです」に象徴される 50 年もの間の病院生活は，まさに懸命に耐えに耐え抜いた姿以外のなにものでもない。その姿は，思いも及ばないが，まさに，弱くなり小さくはなってはいるが，象徴的には，勇者が戦いを終えて凱旋する姿に似ている。それはそこに居合わせたものにスピリチュアルな感動さえ与える。また，両親や家と自分との線引きができないくらい自分のこととして捉える姿は，見方を変えれば，善意以外のなにものでもない。それは，人間はそのようなことまでして自らの感情に素直になれるのだという思いに駆り立てられる。

　一方，『ハムレット』には「弱きものよ，汝の名は女なり」との名セリフがある。その意は，女はとかく男よりも弱い立場に置かれるものであるということであろう。小稿においても，このハムレットの意とするところと近似のところがある。それは置かれている立場が弱いことの認識であり，社会やシステムの問題を示唆しているからである。

　このように考えてくると，見方や考え方，価値観の問題と，それに加えて社会やシステムの問題であるという捉え方は，ものごとのパラダイムを 180 度転換させる契機になる。それは，“弱き”ものと思っていたものを“強き”ものへと思い直す所作，すなわち，その見方を転換させる。それは，まさにコペルニクス的発想の転換を意味する（倉戸，1993）。ゲシュタルト療法的には“図地反転”であるが，180 度転換することによって，無価値が価値を持つようになるのである。具体的には，例として取り上げたその人の場合でいえば，その人の存在，病や苦難，あるいは不条理と戦っている生きざまそれ自体が人間の強さや尊厳を実存的に示唆するメッセージ性をもち，一方では，私に今まで会いにも行かなかった心苦しさや後ろめたさの感情を惹起させている。そして，無関心や思いやりの欠如ゆえに，むしろ私の方に“弱き”ものが巣食っていることを暗示してくれている。そのようなメッセージ性をもっていることを，も

ちろん，その人の方は何も意識はしないし指摘もしない。しかし，このことに気づくと，どちらが弱きものなのか，考えさせられる。強いと思っていることは，実は弱いことであり，弱いと思っていることは強いことであるというゲシュタルト療法の図地反転から教えられる構造的見方があるのである。けだし学ぶべきものが多々あることを教えてくれているのである。

インドネシヤを旅したときも，このようなものの見方・考え方，あるいは価値観の問題に対して私に示唆を与えてくれた。インドネシヤのバリ島には踊りがある。その踊りは，彼の地の文化・宗教を象徴的に表現しているといわれているが，踊りに登場してくる人物は，単純にいってしまえば，いわゆる善玉と悪玉である。興味をそそられるのは，踊りの終結には，善玉も悪玉も，どちらも等価値で，互いに異なった役割を演じてはいるが，どちらも相補的になくてはならないもの，ということになり，踊りの筋もハッピーエンドで終わる。これは，いわば，強いものは弱いものとの相補関係にあり，どちらが良いとか悪いとかはなく，等価値であることを示唆している。それは，どちら側から見ているかという図地反転に近い見方・考え方といえよう。

ところで，現代の社会やシステムの観点からも問題を提起できよう。まず，現代は，前述のごとく価値観の問題であるにもかかわらず，強いことは良いことだという価値観に支配されていることである。学業成績が良いこともそうである。明るい性格を良しとすることも然りである。成功すること，競争に勝つこと，名をなすこと，金持ちになること，それらも同様に価値が置かれている。幼稚園からはじまって大学まで学校にはランクが付けられ，ランクの上をめざす。すべて立身出世主義，もしくは強いものの論理が優先されているようである。めざせる人はまだよい。しかし，めざせない人は挫折感を味わい，"弱き" ものになりさがってしまう。しかし，実は，そういう社会のあり方，すなわちシステムが問題なのである。

エピローグ

あるグループ学習の勉強会に "うつ" 状態のひとがいた。他の参加者たちは，はじめはぎこちなかったが，耳を傾け，話合い，暖かく支持を心掛けるように

なった。いつしかグループは自然に治療的な雰囲気のあるものになっていった。世話人の私も努力したが，それ以上に参加者たちの若さと純なこころが功を奏した。驚くほどの凝集性が高まるなか，率直な関わりが〝うつ〟状態のひとのこころを解きほぐしていったのである。参加者たちは，「もっと聞かせてよ」「引け目を感じなくてもいい」「私も同じだ」「そのままでいいのではないか」「よく分かるよ」「それは自然な感情だから隠さなくてもいい」「がんばり過ぎだよ」「気を使い過ぎだよ」などと，応答した。このグループは聴き方，応答や関わり方を学ぶことが学習の目的であったが，参加者たちは，これらを体験的に学ぶことができたようである。月１回で２年間が過ぎるころ，〝うつ〟状態のひとは自分を取り戻してずいぶん元気になった。他の参加者たちも私も，人はどのようなときに悲しみ，落ち込み，どのようなときに癒されるのか，大いに学ぶことができた。それというのも，その〝うつ〟のひとがいたおかげである。

　不登校の生徒，障害を持っている生徒がいると，すなわち，世間から〝弱き〟ものと見なされるようなものがいると，そのために教師が変わり，クラスが変わったという例は多い。それら生徒のことを思わされ，関与することが要請されるからであろう。また親も家族も変わらざるをえない。親も家族も必要にせまられて学習するからであろう。それは，あたかも，それら〝弱き〟ものたちが発信するメッセージ性を持っているかのようである。そのメッセージを受け止め〝弱き〟ものを弱きものにしてはならないのである。第一，もったいない。人間とは何か，生きるとは何かの省察に関する多くのメッセージを発しているのに，それに気づかないことになるからである。

　この視座の転換は，図になっているところをだけ見るのではなく地になっているところをも見ることを意味している。価値を置いていない〝弱い〟ところのみではなくて地にある〝強い〟ところを見ること，そして〝弱い〟ところも〝強い〟ところも，両方まるまる見るということである。

　自らを見るときも同様である。そしてそれは，人間関係における視座の転換にも当てはまる。他者を見たり人間関係を持つとき，他者の図になっているところだけ見るのではなく，地の部分をも含めて，まるごとを見る。すなわち，全体を見ることである。この視座の転換はヒューマン・エコロジーにもつなが

る（倉戸，2000; Kurato, 2002）。エコロジー（ecology）は「生態学」と訳されているが，その語源はギリシャ語の"オイコス"（oikos)」に由来する"oikos"は英語の"house"すなわち"家"に当たる。したがって，エコロジーは"地球という家"を意味し，それが「どのように動いているかに関する学問」（Capra & Callenback, 1999）となる。それゆえ地球という共通の家で生活を共にする構成員すべての相互の関係を研究することをいうのである。それは，"ものごとの結びつき"の研究，関係性の研究をさしている。このヒューマン・エコロジーの詳細については，稿を改めなければならないが，一つの地球規模のシステム論であり，小稿との関わりは深いものであることを指摘するに留めたい。

　小稿の意とするところは，"弱き"ものと世間ではいわれているが，実は，強きものであったというものの見方・考え方の転換である。それはコペルニクス的転換と呼べるものであるが，人間のサバイバルする力，可逆性を示唆する。そしてその転換が見えてきたときに，社会やシステムの問題が同時に洞察されるのである。（初出：『人間性心理学研究』第21巻）

文　献

Capra, F., & Callenbach, E. (1999). Deep ecology.（カプラ，F.・カレンバック，E. 鼈田栄作（編訳）(1995). ディープ・エコロジー考：持続可能な未来に向けて　佼成出版社）

倉戸 ヨシヤ (1988). 夢分析へのコメント——ゲシュタルト療法の立場より——　河合隼・鑪 幹八郎（編）　夢の臨床 (pp. 130-150)　金剛出版

倉戸 ヨシヤ (1993). 老若のつながり（第8章）　氏原 寛・山中 康裕（編）　老年期のこころ (pp. 268-284)　ミネルヴァ書房

倉戸 ヨシヤ (2000). 生活科学への一つの視座——Ecological な心理臨床からの考察——　大阪市立大学生活科学部紀要, 47, 15-25.

Kurato, Y. (2000). Counseling in the 21st century: A relativistic look. In *Selected Papers in Psychology and Counseling*. Salt Lake City, UT: AlphaGraphics.

Kurato, Y. (2003). Toward a human ecological psychotherapy. Paper presented at Inaugural International Conference on Gestalt Therapy, Montreal, Canada, 2003.

倉戸 ヨシヤ (2004). ゲシュタルト療法によるカウンセリングのプロセス　福島 脩美・田上 不二夫・沢崎 達夫・諸富 祥彦（編）　カウンセリングプロセスハンドブック (pp. 282-286)　金子書房

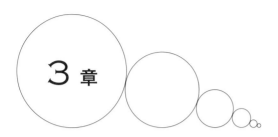

怒りはひとりでには惹起されない：
そのメカニズムの探求

プロローグ

　怒り（anger）は，大方の知見によれば，表出しない方がよい，もしくはうまく収めた方が賢明であるとされている。なぜなら，"怒りっぽい人"や"短気な人"という表現があるように，もっぱら怒りは個人的な資質や性格に帰属していると考えられているからかもしれない。そして，なによりも怒りの表出は，言語化できない，大人になりきれていない稚拙な行為で，その場の雰囲気を険悪にするからと考えられているからであろう。

　しかし，筆者の体験的に，かつ心理臨床の実践で得た経験則によると，怒りは，決して，ひとりでには惹起されないことが示唆されている。なぜなら怒りは，意識的であれ，無意識的であれ，他者との関係性の中で起きていることは明らかである。怒りは，家庭・学校・職場などという組織の中における個人に負荷される過剰な負担，ストレス，行き詰まり，いじめ，不条理，スケープゴート，あるいはシステム，たとえば産業ロボットが人に取って代わりリストラに遭うなどの負の側面が関係している。

　換言すれば，私はストレスが，最近では"job stress"といわれているごとく，怒り（anger）も"job anger"ではないのか，と考えるようになっている。

ただし，"job stress"が，どちらかといえばストレスが惹起される場（space）を指すのに対して，"job anger"というときは，怒りが表出される単なる場を指すだけでなく，その場での他者との関係性が関与しているという捉え方をしている。

たとえば，ストレスは子どもが過干渉の母親から勉強しなさいと口やかましくいわれたときの身体が起こす反応であるように，怒りも，たとえばパワハラがそうであるが，組織の中の他者から受ける力による嫌がらせを受けたときの反応として，顕在的であれ，潜在的であれ，惹起されるのではないか。この例が示すように，怒りの惹起には，上司であれ，誰であれ，他者が介在している。そしてこの他者の介在は，街中ですれ違うときに起きる場合もあるが，多くの場合，組織の中で起こっている。

本稿では，そのあたりを考えて見たい。

１．怒りを考えさせられたエピソード

ここで，本稿の前置きとして，いままで私が怒りにどのように関心を持ってきたか，そして"job anger"を洞察するに至ったか，について触れておきたい。

カウンセラーになって間もない頃，怒りが抑えられないというクライエントがケース・カンファレンスの話題に上ったことがあった。私が〈激し過ぎて追ていけない〉というと，「あなたは怒りを覚えたことがないのですか」，また「あなたには感情がないのですか」と，質問されたことがあった。〈もちろん感情はありますよ。不快に思ったことはありますが，怒りを覚えたことはありません〉と，応えた。

怒りは，当時の私には，神に属するもので被造物である人間の私には所有してはいけないものであった。「自分で復讐せず，神の怒りに任せなさい。『復讐はわたしのすること，わたしが報復する』と，主は言われる」（ローマ 12-19）を信条としていたからである。怒りだけでなく，その頃の私の価値観は，クリスチャンであった両親の影響を大きく取り入れて（introjection）いたのである（倉戸，2016）。

　ところが，怒りについて考えさせられるエピソードに出くわすのである。その一つは，ある米国留学から帰国した先生のマイカーに便乗させてもらったときのことである。運転していたその先生は，対向車を避けながら，「危ない！この馬鹿野郎！」と叫んだのである。そのとき，この先生の感情むき出しの行為を，一方では，幼稚で“はしたない”と思ったが，もう一方では，さすが米国帰りの先生は他と違うな，感情むき出しで荒々しいが，どこか羨ましいと思った。そしてそれが後々心に残った（倉戸，2016）。

　これらのエピソードの後も，怒りについては悶々としていたのであるが，ゲシュタルト療法に触れ，怒りは，その他の感情と同様に，ホメオスタシスの機能の一つなのだと気づく機会を得た。それは，早産で未熟児体重ゆえに亡くなった我が赤子の一連のモーニング・ワークのなかでのことであった。それまで，亡くなってから20年近く罪の意識で萎縮していた自分を開示していなかった私であったが，最初の亡き我が赤子と対面したイメージ・ワークのなかで触れ，自責と謝罪を言語化することができた。そして許しが返ってくるのを感じ，胸につかえていたものが取れた。それは気持ちの和らぐ経験であった（倉戸，2002）。それからしばらくたって再びワークに臨んだとき，同様のイメージ・ワークで赤子と対峙したのであるが，「なぜ亡くなって父である私に罪の意識や悲しませることをしたのか」と，突然，からだから噴出する怒りを覚えた。結果を先に述べると，まさに怒りが，それまで自らの誕生日を祝うこともせず，何事においても自粛して自らを閉ざしてきたことから解放してくれ，自由な自分を取り戻す契機になった。そして，この怒りは素の自分の叫びであることに気づいた。まさに，これが私にとっての，「目から鱗が落ちる」経験となったのである。

　ここでパールズ（F. Perls）のホメオスタシスについての考えを紹介すると，彼は，それまでホメオスタシスを，生理学上の恒常性を指していた概念に加えて，感情を，怒りも感情の一つであるが，精神的にバランスを図る恒常性の維持機能として捉えて精神的ホメオスタシスと命名している。このことに私は驚嘆しながら，「なるほど」と思った。そして怒りがからだから自然に噴出してくるとき，あるいは怒るべきときには「怒ってもいいのだ」という気づきを得た。この気づきは私の精神生活の視野を広げ，人間らしい彩を加え，豊かにし

てくれ始めた。

　この精神的ホメオスタシスの概念に続いて，パールズは社会的な恒常性，すなわち互助的な機能を社会的ホメオスタシスと名づけたが，これらのパールズの慧眼に私は魅せられていった。パールズによれば，人間は，このホメオスタシスの過程があるので，つねに平衡を保つことができ，環境が変わっても健康を維持できるとしている（Perls, 1974）。さらにいえば，察知する外界からの危険により崩した恒常性，もしくは平衡感覚（ホメオスタシス）を元に戻そうとする機能とされている。

　その後も怒りについての関心は継続し，パールズが，セールス嬢が返品しに来た顧客に，「ごめんなさい」というとき，その背景，すなわち「地」の部分には「だから購入するときに，しっかり選んでくださいと言ったじゃないですか」という怒りがあると述べていることにも合点がいった（Perls, 1974）。そして，いったい怒りとは何なのか。ますます関心を抱くようになっていく。

　そこで『広辞苑』（新村他，1999）に当たってみた。そこには，"おこること""はらだち""立腹"とあった。これはあまり参考にはならなかったが，英和辞典（小学館，1973）の"anger"怒りの項目には，"Indignation"：不正・卑怯・恥ずべきことに対する正義感からの憤り。"Rage"：自制心を失った激しい怒り。"Fury"：さらに激しく狂気に近い・烈火のような怒り。"Wrath"：処罰・復讐の気持ちをもふくむindignation・文学的表現。"Aggression"：侵略・攻撃，とある。ここでは"anger"について質や量，また方向性が考えられていて興味深かった。

　また，さらに他に当たると，デカルト（Descartes, 1649/2005）は，怒りは，一般に，自分の快が侵犯されることによって生じる不快な体験で，その侵犯の原因を除去しようとする所作としていることも知ることができた。この記述は，怒りは"察知する外界の危険"に起因するというパールズをはじめ現代的な理解と同義であるが，古くはデカルトに遡ることができるのだと思った。

　"外界の危険を察知する"ときというのは，乳幼児期の場合は，飢えや身体的不自由がほとんどであろう。それが，児童期になると，過度のしかも厳格なしつけを受けたとき，加えて承認されたいときとなり，青年期や成人になると生活や仕事での人間関係，また経済や社会，それに政治のあり方との関係に起

因するものが多くなる。たとえば正義感，剥奪，不承認，いじめ，スケープゴート，不条理などがそうであろう。

　生理学的には，怒りは身体への影響があり，急激な血圧の上昇や心拍数の増大をきたし，心臓血管系の機能に悪影響を及ぼすとあるとの記述もあった（梅棹・金田一，1989）。

　私は日頃の心理臨床の実践の中でも怒りは，介在する他者との関係性で平衡的な感覚が崩されるなかで起こり，単独では起きていないことに気づいている。つぎに，それらについて見てみよう。

2. 怒りが関係性の中で惹起される例とその考察

　以下は相談されたり，カウンセリングの自験例からの抜粋である。いずれの例においても怒りが見られるが，ゲシュタルトの概念に当てはめれば，「地」にあった怒りが「図」となって表出されているが，ほとんどの場合，平衡的な感覚が崩されるときに他者が介在している。すなわち，組織の中での関係性が関与している。なお，これらの例は個人情報保護のための配慮がなされている。

例1. 怒りが家庭で醸成された例

　両親が不和で，夫婦喧嘩の絶えない家庭で育った男子児童は，学年末の調査票に「クラスで怒りを爆発し，喧嘩をすることが数回あった。攻撃性が強い児童と見受けられる。ご家庭でも注意してください」と書かれた。

　要約すると，他児が教室の机と机の間に立っていて，いわば通路を塞いでいたのに引っかかり，この児童は，「そこ退けよ」と言って他児を一発殴ってしまったとクラスメイトが証言している。このようなエピソードがいくつか続いたので上のような調査書になったということである。（保護者との相談記録より）

　考察：この例で悲劇なのは殴られた児童である。しかし，同時に，この当該の児童も可哀想である。

　「地」に，家庭は平和であってほしいと願いつつも，日頃の両親への不満，満たされない愛情希求などからくる怒りの存在があったことを推し量ると，こ

の児童も，被害者であるからである。この児童に対する理解は，いかにこの児童の「地」の部分を洞察するかにかかっていると思われてしかたがない。それにしても，これは両親の不和への息子である児童の蓄積した自分ではどうすることもできない不満や怒りが通路を塞がれ通れなくなったという事態をきっかけにクラスで表面化し，「図」へと突出したものといえよう。すなわち，児童の怒りは児童にだけ単独に惹起されてはいるが，しかし，両親との関係性のあり方が問題（慢性トリガー）になっているといえよう。その後この児童は母親から諌められ反省を強いられ，自責の念も加味されてか，ますます荒れていったということであった。

　この例は学校の保護者相談で私が担当したものである。この例のような，児童の怒りや攻撃性については，日常のカウンセリングの中でも頻繁に話されるものである。そして，そのほとんどが家庭での両親の問題から引き起こされている怒りとつながっている。

例２．仲良しグループで起きた例

　ある高校生は思春期食行動異常ということで来談。この高校生は，体重も38 kg 前後で痩せていて，"蚊トンボ"のような臨床像を見せていた。彼女には食事についての幾つかのこだわりがあった。食事は彼女専用の電気釜で，かつ好む炊き方のごはん，また彼女用の茶碗，汁椀，皿，箸があり，外泊しなければならないときは，これらを持参。米や調味料，惣菜にも，こだわりがあった。

　カウンセリングが進むにつれ，彼女には３人組の仲良しグループがあり，痩せはそのグループとの関係のあり方が問題なんだと見えてきた。要約すると，彼女は３人組の中では，「何をするのにもビリで，うだつが上がらなかった」という。たとえば，クラスでの成績も３人のうちではビリ。グループで一緒に遊びに行っても，買い物に行っても，なすことすべて不器用で鈍いといわれて，いつも遅れを咎められていた。このように何事においてもうだつが上がらない彼女のプライドは大いに傷つけられていた。

　そこで，あるときグループでダイエットをしようと話し合ったとき，彼女は，こんどこそ負けまいと必死に体重減をはかった。２か月を過ぎたころ，彼女が

群を抜いて痩せてきていることが明らかになった。それで，今度は "やった"
と思った。これで日頃のうっぷんを払拭できると思った。ところが，他の２人
は，負けていることが明らかになると，「ダイエットは身体に悪いから止めよ
う」と，突然，ダイエット競争の中止宣言を出した。せっかく得意げになって
いたのにである。彼女は怒りを覚えた。

　それからの彼女は，他の２人と気まずくなり，仲良しグループから離れて行
った。離れてしまった寂しさ，悔しさの混ざった自責の念などに悩まされた。
そして高校卒業後は必要のなくなったダイエットを止めようと思っても止めれ
なく，体調をくずしていった。痩せがひどくなり，同時に，そのころから食事
へのこだわりが始まったのである（ある思春期行動異常のカウンセリング記録
より）。

　考察：食行動へのこだわりを終結へと導き，怒りを鎮め，プライドの復権を
試みる彼女とのカウンセリングは長期に及んだ。それを要約すれば，彼女はい
かにグループの他の２人を意識していたか，仲間外れになりたくなかったか，
うだつの上がらない自分を何とかしたいと思っていたか。そして何よりも，突
然のダイエット中止に裏切られた怒りが「図」に上ってきた。いかに怒りが根
強く存在したか，いわば怒りという「地」にあった想いをカウンセリングの中
で，「あなたたちはひどいわ。一生許さない！」とチェア・ワークにより「図」
にしていくワークをした。しかし，寂しさも手伝ってか，離れたことへの自責
の念も残って自らが嫌になった。怒りと自責の念との葛藤を覚え，ワークは行
きつ戻りつで，長期間を要した。

　ところでダイエットは，彼女にとっては，痩せたいからではなく，競争に勝
ち，認められたいからであった。人は，一人で生きているのではなく，つねに
他者との関係性の中で生きているかを強く思わされた事例であった。

例３．企業の中で見られた例

　ある男子従業員は，部品の設計担当者として会社のために 20 年以上も働い
てきたのにリストラに遭った。「なぜ，いま，私がリストラに遭うのか」と，
怒りと悲しみを吐き出しながら，嘆いた。要約すると，彼が働いていた精密部
品工場では，バブル経済期には，人出が足らず，設計部門の従業員は何時間も

の残業を強いられても，一同になって不平一つもいわず働いてきた。士気も上がっていたし，会社に貢献しているという自負心もあった。また残業手当のついた給与も満足のいくものだった。すべては順調に行っていた。少なくともその従業員にはそう映っていた。しかし，バブルも終わり，注文数も減り，会社の資金繰りがうまくいかなくなると，新しい設計の需要が減り，設計部門からリストラが始まった。そして彼にも順番が回ってきた。

　リストラに遭ったので，他へ転職を試みたが，それもうまくいかなかった。好きな設計の仕事だったのに，精魂込めて尽くしていたのに，「なぜ私が……」という怒りが去来した。しばらくすると，愁訴感が強くなり，私に何か落ち度があったせいなのか，私は何か上役から嫌われるようなことをしたせいなのか，自責の念が頭の中を駆け巡った。そしてだんだん気力が弱くなり，病院に行くと，"うつ"ではないかと診断された（あるカウンセリングの記録より）。

　考察：ここで，"うつ"という診断は，いわば「図」であるが，「地」の部分として，不意の，合点がいかないリストラからくる不条理，秘められた怒り，愁訴感や自責の念が考えられる。要約すると，ワークでは，はじめは言葉少なげで，うつむき加減で，「気力がない」が訴えであった。そして，結局のところは，「自分が嫌われた責任は自分にある」と，声を小さくして，自分をいさめるセッションが続いた。

　おもむろに，〈本当にいさめたいのは誰なんですか〉との介入に，少しずつ，「地」にあった怒りを「図」にして，とうとう，イメージの中の工場長に対して，「なぜか」と疑問と怒りを，何度も繰り返しぶつけた。そして漸次，自分を取り戻していくきっかけをつかんだ。

　彼の怒りを噴出するときの声がすごかったので，〈すごい迫力ですね〉と介入すると，「自分でもびっくりしてます……すっきりします」との返事が返ってきた。何度も繰り返された怒りの噴出が一通りなされると，つぎに，「自分の好きなところ」に気づいたり，「設計という仕事への情熱やこだわり」にも触れてもらう介入をした。多くの事例から，自分を取り戻すのには怒りの表出と「自らを褒め肯定する」ワークが一番であるとの経験則が，この例でも功を奏したと思われる。

　この例も，怒りは，他者，すなわち工場側，との関係で引き起こされている。

リストラがなければ怒りは惹起されなかったし，"うつ"にならなかったであろうことは容易に肯けよう。いつの時代にも，犠牲になるのは，組織の中では，いわば弱い立場にある者である。

　ところで最近，組織の中で疲労困憊をきたし，自殺へと追い込まれる企業戦士のことが社会問題になっている。憂慮されるが，これは従業員個人の資質に帰属するというよりは，まさに組織との関係性の中で起きていることを認識すべきであろう。私の従事するカウンセリングにおいても，いわゆる"うつ"と診断されて長期に休職している方の来談が増えている。組織は，企業であれ団体であれ，現代ほど，従業員の心身の健康を最優先させ，コンプライアンスを確実に維持していくことが要請されている時代はないのではないか（あるリストラに遭ったクライエントの記録から）。

例４．DV（家庭内暴力）で来談した例

　家庭でDV被害を受けていた女性は，牧師に「愛をもって許してあげなさい」と言われ，努めたが，「どうしても許すことができません」と来談。〈なぜ許すことができないのですか〉の私の問いかけに，夫は殴る蹴るが日常茶飯事で，顔は赤く腫れ，腕やお腹はアザだらけ。恥ずかしくて他人に言えません。私は心身ともに疲れ果てました……そこでクリスチャンなので牧師に相談したら，上記のように言われた。はじめはそう言われて，「私の愛情が足りないからだ」とも思ったし，「私がいけないからだ」と気を取り戻して努力もしたが，「もう限界です」と，号泣した。

　〈そうなんですね。よく耐えてきましたね……しかし，ひどい旦那さんですね。お聞きするだけで，私は怒りを感じますが……〉また，〈それにしても牧師さんのことばは理想過ぎませんか。ご自身にはどう響きましたか〉。

　これらの介入は，決してけしかけるつもりのものではないが，〈あなたという人は，ご自身では怒りをお感じにならないのですか〉と，さらに介入する。

　そうすると，再び号泣し，「怒ってもいいのですね。そう言われたのは初めてです。怒りは，もちろんあるのですが，激しいのが……ずっと抑えてきました」と，泣き笑いしながら，表情を和らげた（あるDV被害者とのカウンセリング記録から）

　考察：このような事例に遭遇すると，カウンセラーの私自身怒りを覚え，やるせない気持ちにさせられる。DV の夫からの暴力と，「許してあげなさい」と迫る牧師と，二重の苦しみを追っているように思われるからである。聞くだけで心が穏やかでないカウンセラーの私は，したがって，のめり込まないように，逆転移（ゲシュタルトでは introjection したものを projection する）しないように介入し，もっぱらクライエントの怒りの感情や思いを尊重するよう勤めるのである。

　要約すれば，クライエントの感情とは，抑えてきた「許すことができない」怒りの感情であろう。思いとは，「私の愛情が足りない。私がいけないから」という思いであろう。

　ところで，いじめへの介入も同様であるが，ゆめゆめ，〈あなたの方にも，何かよくないところがありませんか〉などと，クライエントに"反省"を促してはならない。そうでなくても DV の被害者の多くは自責の念で苦しんでいる人が多いのであるから，"喧嘩両成敗"的発言はうまく機能しない。限界まで耐えてきているクライエントには受容と容認が一番である。そして自らに気づく介入が有効である。

　すなわち，夫に対する怒りとクリスチャンとしての自責の念との板挟みにより袋小路の状態にあったクライエントに，チェア・ワークにより怒りは怒り，自責の念は自責の念という具合に，一つ一つ順序づけて表出してもらうワークを試みた。そうすると板挟みになって動けなくなっていた感情の整理がついて，劇的に自らを取り戻していった。

例５．戦争という悲劇に巻き込まれた学童疎開児の例

　「徹底的に社会に背を向けていく」と，かつて自分に誓った戦争孤児がいることが 74 回目の終戦記念日がくる前に NHK の調査で分かった。

　調査結果を放映した番組に登場するかつての戦争孤児は上野駅の地下道で寝泊まりしていた人生を語った。

　なぜ上野駅の地下道で寝泊まりしていたのか。その戦争孤児は，終戦になり学童疎開先から実家に帰ろうとしても，疎開している間に，故郷の家は空襲で焼け，両親は死んでしまったので，帰る場所がなくなっていたからと語る。

　番組によると，彼のように帰る場所がなく孤児になったものが多いという。話す人もなく，寄り添う人もなく，そのうちに上野公園や駅などに集まってきた孤児同士が，寄り添って寝るようになったという。

　登場した戦争孤児には，寝ていたら隣で背中をさすってくれた同じ戦争孤児がいた。しかし，あるときその彼は山手線に飛び込み自殺してしまった。どうしようもない怒り，憤り，悲しみが襲ってきた。このような体験をしても生き残った当時の戦争孤児は，いまはもう80歳を超えているが，番組の中で「だれの責任ですか」と問うている（「埋もれてきた戦争孤児たちの戦後史，NHK 2017.8.13.放送」より）。

　考察：この例は，戦争の悲劇だから仕方がなかったのだといって忘れたくない例である。このような戦争孤児は分かっているだけでも12万人を超すという（前掲番組）。食べるものがなかったので，盗みをして，あるいは施しがあれば施しを受けてサバイバルするしかなかった。路上生活をしいられた孤児たちのうち，毎日だれかが死んでいった。

　孤児というだけでいじめられた。風呂など入ったことはない。彼らには，この世は限りなく冷酷だと映った。「戦争こじき」などといわれた。自暴自棄になった。声をかけてくれる人もなし，食べ物もない，着るものもない，無い無いずくめであった。もちろんそれらが欲しかったが，一番欲しかったものは「人のぬくもり」だったと，もう老人になってしまったいま，述懐している。

　まさにことばを絶する激動のなか人生を生きてきたのである。「誰の責任ですか」との問いは，まさに子どもを戦争孤児にしてしまった社会へ発せられたものである。ひとりでは誰も戦争孤児にはならない。戦争や当時の社会がそうさせたのであって，「徹底的に社会に背を向けていく」との冒頭の発言は，まさに関係性の中で惹起された気持ちであることを物語っている。番組を見た私までも，気持ち，とりわけ憤りの気持ちが伝わってくるのを禁じ得なかった。

3．5つの例の考察のまとめ

　以上，5つの例をとおして，怒りがひとりでには惹起されないことを見てきた。5つの例に共通しているところは，両親の不和との関係，仲良し3人組で

の裏切り，夫からの DV，企業のリストラとの関係，そして戦争という悲惨な状態と，いずれも怒りは関係性の中で起こっているところである。

　そして注目しなければならないのは，戦争孤児の場合を除いて，怒りの原因を自らに帰して自責の念を抱かざるをえなくなっている関係性のあり方である。戦争孤児の場合でさえ，戦争という悲劇のせいなのにもかかわらず，その負の遺産を，自暴自棄になったり，盗みをしてサバイバルしたなどと，個人で引き受けざるをえないでいる点である。この自責の念や個人に押し付けられる点に，私は憤りや悲しみを禁じ得ない。

４．怒り考

　さて，ここまで怒りはひとりでには惹起されないことを見てきたが，それでは本稿の冒頭に挙げた"怒りっぽい"人や"短気な"人は存在しないのかといえば，たしかに存在していることは認めざるを得ない。病理を持った人やフロイト（S. Freud）の性欲を抑制すると攻撃性となるとした汎性欲論を待つまでもなく，声を荒立てたり，すぐ感情に走るなど，怒る人はいるにいる。しかし，よく掘り下げてみれば，生まれながらにしてそのような性質をもっている人がいるとは考え難い。DNA がそのような染色体を持っているとしても，それは何世代にも渡って人的や自然の環境の変化の中で適応のために恒常性を維持しようとして形成されてきたものと理解するのが自然であろう。進化といわれるものであるが，北極クマが北極という厳しい環境の中で生存するためにどう猛さを身につけてきたのと同様に，人もまた環境の変化の中で生存やサバイバルのために怒りを身につけてきたといえないだろうか。

　それでは，これら怒りっぽい人，あるいは短気な人に，どのように介入したらよいのか。それは，他の例と同じように，私にはチェア・ワークが考えられる。自分と自分との対峙をホット・シートとエンプティ・チェアに座って対話する方法である。

　哲学者三木清は「怒りは，ただ避けるべきものであるかのように」考えられているが，避けるべきは「憎しみであって怒りではない」（三木，1941）としている。この三木の洞察も，パールズに近く，私にとって怒りを考えたり，クラ

イエントに介入するときの手がかりとなっている。まず，怒りは，むしろ他者との関係性の中で惹起される自然な感情であり，表出するのを躊躇したり，抑圧するものではないこと。そして怒りは“今・ここ”で経験するものであるが，憎しみは，後で思い出したりイメージするもの，すなわちフラッシュ・バックよろしく頭で想像するなかで感じられるものであること。したがってフラッシュ・バックには恐怖を伴った怒りが蓄積されていたり増幅されたものが含まれている。そのことを思うと，この三木の指摘は，慧眼であり，怒りを考えるときに，大いに参考になるのである。

5．日常の怒りをどうするか

　最近の日常生活の中で怒りを表出すると，私の場合，ときとしてバツの悪さを感じることがある。これは慣れていないからかもしれない，いまだに強い超自我（ゲシュタルト的には introjection）のせいかもしれないが，相手を傷つけてしまったのではないかという危惧からが多い。そうかといって，怒りを我慢したり溜めておくと，何かのきっかけに爆発したとき相手は何に対して私が怒っているかが分からなく，困惑している様子がうかがえる。それではどのように表出したらよいのか。

　私の知恵は，感情，とくに怒りは，感情的になることと感情の表出とは異なることをわきまえておくことである。感情の表現は自らの「有機体が語る言語」（Perls, 1974）で，感情の主体は本人である。それゆえ，“私・I”が主語で語られる。一方，感情的は，身振り手振り，声，表情などから，他者には責められたり，何か怒っているようだと想像はされるが，何を怒っているのかは解釈や忖度の領域に入る。そして，主語は，“あなた・You”である。たとえば，「お前はダメ人間だな。月給泥棒じゃないか」などが，そうである。それゆえ，怒っていることを他者に伝えたいなら，「約束の時間までに仕上げてくれないと私が困るんだよ。腹立ちさえを覚えるじゃないか」など，“私・I”を主語にして伝える方がコミュニケートされやすい。（倉戸，2017）

　私は，耐えられない嫌なことや心に残っていることで苛立ちをおぼえるとき，そこで一日の終わりに風呂の中で声に出して表出するときがある。自らが経験

したことがフラッシュ・バックしてきたら，それに対して叫ぶのである。怒り
や悲しみの涙を伴うが，気づきがあり，私にはかなり有効である。状況がゆる
せば，勧めたい方法ではある。

　ポスト・ユング派のボスナク（R. Bosnak）はボストンで通勤中，自ら運転
するマイカーの中で心残りを声に出して叫んでいるという。訳書の批評を依頼
されたときに出てくるので知ったのであるが，これはなかなか有効なのである
が，ボストンのような交通量の多いところでの運転には注意する必要があろう。
私は，車を公園などに止めて，サイドブレーキを掛け，エンジンを止め，窓を
締め，安全を確認してから，叫ぶことをしているが，これも有効である。

　ノートやパソコンに書き留めることを推奨している。"心のノート法" と呼
んでいるが，自分だけのプライベイトな心の軌跡を記すもので，"秘密の宝物"
となろう。

　以上いくつか挙げたが，自ら考案するのが一番なので，創造性を発揮する機
会だと思って取り組むことを提案したい。

6．怒りへのゲシュタルト流介入

　心理療法としてのゲシュタルト流の介入は，先の例の中で取り上げられてい
るように，チェア・ワークといわれる技法が用いられる。これは，基本的には，
2つの空の椅子を用いる方法である。怒っている張本人である自らはホット・
シートに座り，表出したい対象を，たとえば，父親や母親，仲良しグループ，
工場長，DV の夫などをエンプティ・チェアにイメージして，怒りを表出する
のである。これは過去の心残り，多くの場合は怒りの経験に不全感が残ってお
り，納得や完結していない場合に用いられる。それゆえ，怒りの経験を，
"今・ここ" というセラピーの場で再現する方法をとる。そこで用いられる対
話調の言葉は現在形が使われるので，臨場感が醸し出される。そうなると，感
情が惹起される。そしてこの技法は，日本で用いる場合は，座布団がチェアと
して使われるが，状況によっては，いくつものチェアや座布団が用いられる。

　この技法では，ただチェアや座布団を使うのが目的ではなく，それらを用い
て怒りを感じていたり，あるいは感じないようにしてきた自分の意味，あるい

は"secondly gain（疾病利得）"に気づくことである。

　あるときワークショップに参加された精神科医が，思春期の患者の方の自分に向けられる怒りの対処に頭を悩ませていたが，このチェア技法はなかなか有効に思えると感想をもらしたことがあった。この精神科医のように，怒りは，ときとしてプロジェクションの結果として表現されることがあるので，チェア技法が有効だということに肯ける。

エピローグ

　本稿を振り返ってみると，怒りは，多くの場合，個人の資質や性格に帰属され，敬遠されがちで，ときに忌み嫌われているが，怒りは決してひとりでには生起されず，他者が介在していることを裏づけてみたかった気持ちがあったことが分かる。それは，怒りは関係性の中で惹起されることを日頃の経験則や自験例で見ているからである。一方，怒りは感じない方が良い，あるい我慢しなさい，まして怒りを表出することは幼稚であるとする考えに対して一矢を放ちたかったというのもあった。少々，大げさにいえば，いわば怒りの復権を目論んだとも言えよう。

　そえゆえ，怒りの例を事例としてプロセスを詳細には見ていないのは，その意図があったためである。しかし，盛りだくさんで，冗長になったところもある。

　とにかく怒りっぽい人の資質や性格，挙げ句の果てには，人格のせいにして，あの人は怒りっぽい人だと決めつけて，スケープゴートにすることや怒らないように注意しなさいというだけでは問題の所在やその解決につながらない。

　ゲシュタルト流の介入については，チェア・ワークの技法により怒りに気づき，それに触れ，カウンセリングという安全で守秘義務が守られる場で表出することができること，そして心残りやまだ終わっていない経験を閉じていくことへ導かれる介入であると言える。

　しかしこれらの介入は，リスクも多く，ゲシュタルト流の人格論を踏まえたり，怒りについての洞察や熟練したチェア・ワークの習得が前提になっている。技法だけが優先されると，パールズが"gimmick（小手先のまやかし）"とい

っているように，陳腐なものになってしまう（Perls, 19670）。

　とくに，病理が想定される場合などは，容易ではないが，病理をわきまえた訓練を受けた上での，かつ細心の注意と力量が要請される。

　今後の課題としては，紙面の都合で，怒りの積極的な側面，怒りの効用について気づいていることに触れられなかったことである。また，怒りと攻撃性との関係についても論じられなかった。またの機会に譲ることにしたい。

文　献

Encyclopaedia Britannica（2005）. *anger*. Encyclopaedia Britannica.

梅棹　忠夫・金田一　春彦他（1989）．日本語大辞典　講談社

倉戸　ヨシヤ（2002）．気がつけばカウンセラー　一丸　藤太郎（編）　私はなぜカウンセラーになったか（pp. 135-156）　創元社

倉戸　ヨシヤ（2011）．ゲシュタルト療法　駿河台書房

倉戸　ヨシヤ（2016）．私にとってのゲシュタルト療法の魅力　日本臨床ゲシュタルト療法学会第 6 回大会発表

倉戸　ヨシヤ（2017）．怒りについての再考　日本臨床ゲシュタルト療法学会第 7 回大会発表

三木　清（1941）．人生論ノート　創元社

三木　清（1954）．人生論ノート他二篇　角川書店

日本聖書協会（1993）．聖書　日本聖書協会

新村　出・新村　猛（1955）．広辞苑　岩波書店

NHK（2017）．埋もれてきた戦争孤児たちの戦後史　NHK 2017.8.13. 放送

Perls, F.（1969）. *Gestalt therapy verbatim*. Lafayette, CA: Real People Press（倉戸　ヨシヤ（監訳）　ゲシュタルト療法バーベイティム　ナカニシヤ出版）

Perls, F.（1974）. *Gestalt approach and eye witness to therapy*. Palo Alto, CA: Science & Behavior Books.（倉戸　ヨシヤ（監訳）　ゲシュタルト療法：理論と実践　ナカニシヤ出版）

小学館（1973）．ランダムハウス英和辞典　小学館

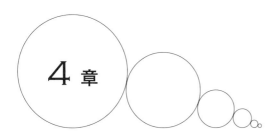

現代の "魔女狩り" と人間性：
人間の性との闘い

プロローグ

　人類史を振り返ってみるとき，そこには幾多の美しく輝かしい側面を見ることができる。それは，小惑星探索機の開発やヒト iPS 細胞の創造の可能性などのテクノロジーの世界だけでなく，人類愛の側面においても然りである。

　しかし，負の側面もある。たとえば，戦争という名の殺戮，人の嫉妬心，偽善，裏切り，組織における策略，搾取，社会の腐敗など，組織を擁護し物や経済性を優先し人を人として思わない風潮などがそれである。これらの負の側面も人間の本性（nature）であるかもしれないが，ここ何年かの筆者の周りには，むしろこれら負の側面が際立ってきている。そして，それは筆者を悩まし，心の痛みを覚えさせる。

　この負の側面を，本稿では，中世の魔女狩りとその犠牲となった魔女と重ね，どうしようもない人間の性の一つの問題として取り上げてみたい。ここでまず，現代の "魔女狩り" に遭うものを，"魔女" としておこう。この "魔女" にされるものは，中世のそれのように，異端や災厄の原因だという理由で拷問にかけられ火刑にはされないものの，現代社会の組織の中で疎まれ，貶められ，抹殺されて，組織から追放される。"魔女狩り" は，そのような追放が行われる

現象のことをいう。そこで，中世の史実にふれながら，現代の"魔女狩り"について言及してみたい。

1. 中世の魔女狩り

　魔女狩りは，中世の西欧ローマカトリック諸国においてみられたものである。資料（森島，1970; Barstow, 1994; 上山，1998）によれば，「カトリック信仰から逸脱し忌まわしい妖術によって（中略）災厄の原因となっている」という理由で異端者，あるいは魔女，とされた人々が，法皇や国王，また聖職者の名において拷問に掛けられ，火刑に処されている。いずれも，いわゆる権力者たちからの迫害を受けているのが特徴である。フランスではフランキアやブルゴーニュ地方で何万人もの人々，ドイツやスイスでも一つの村が消滅するほど，数えきれない人々が魔女狩りに遭っている。そこで，日本でも知られている"オルレアンの乙女ジャンヌ，"後にジャンヌ・ダーク（Jehanne Darc）に見る魔女狩りを取り上げる。

　ジャンヌは百年戦争（1337-1453）のとき，「オルレアンの囲みを解いて王太子に戴冠させること」という神託を受けイギリス軍を撃退しオルレアンを奪還。王太子シャルルを王位に就ける働きをした。1425年のことで，ジャンヌの17歳のときであった。しかし，1430年，同じフランス領でありながら敵対していたブルゴーニュ軍に捉えられ，イングランド軍に引き渡されて，「異端審問」にかけられている。そして1431年5月30日ルーアンの広場で火刑にされている。この間，彼女の働きで戴冠の栄誉を享受したシャルル7世は何も救済の手を差し伸べていないことが記録に残されている（Twain, 1924）。

　1456年ローマ教皇カリストゥス3世により処刑裁判の破棄が決定されているが，処刑後25年経っていた。そして，1920年ローマ教皇ベネディクトゥス15世により聖人とされ，ノートルダム大聖堂に列聖される。処刑後489年後であった。何ということか！名誉が回復されるのが，あまりにも遅過ぎるではないか。これが同じ人間のすることか，と筆者は憤慨し，感情移入してしまう。

　ここで，異端者とされた理由を「処刑裁判の記録」に見てみると，まず神学の権威者たちが尋問している。彼らは，ジャンヌの神を語る言葉と振る舞い，

そして読み書きも満足にできない農家出身の小娘の分際で彼らより多くを知っていることに激怒している（森島，1970）。さらに言えば，謂われのない敵意，嫉妬，権力保持，保身の道具とされているのかが分かる。たとえば，「神の“声”が聞こえたとき光りはあったか」「大天使ミカエルには頭髪があったか」「天使たちに抱擁したとき暖かく感じたか」「神が（フランス）を救ってくださるなら，兵士たちはいらないだろう」など，ジャンヌを貶めるための尋問がなされている。

　また，政治的策略の道具にもされている（Barstow, 1994）。イングランド軍はジャンヌをブルゴーニュ軍から1万リーブルで買収し，奇跡的なフランス軍の大勝利を妖術の所為とし，魔女的異端者に仕立て処刑しているからである。まさに政治的策略であったのだが，このとき，彼女を擁護すべき教会，神の教えを具現すべきその中心的な存在であるべき教会は，処刑には自ら「血を流さず」，かつ合法的に関わっている。これも，保身以外の何ものでもない，誠に卑劣な態度であるといわざるをえない。

　以上，ジャンヌ・ダークに見る中世の魔女狩りを概観したが，その特徴として，キリスト教という宗教が絡んでいるが，とどのつまり脅威の裏返しとしての権力者による権力の保持，保身，政治的策略，嫉妬，偏見，弱者に対する軽蔑など，中世という時代における人間の負の部分とでもいうべきものが背後にあったといえる。そしてそれは，シャルル7世を筆頭とする味方側からの無視，裏切り，大衆の無力・無関心などによって彩られている。一方，魔女とされたジャンヌ・ダーク側には，神以外を恐れぬ信仰心，過剰なまでの使命感，正義感，高い能力，犠牲的で献身的な側面が浮き彫りにされる。

2．現代の“魔女狩り”の様相

　『魔女狩り』の著者森島恒雄は，魔女狩りは「今日も終わっていない」というG. パリンダーの見解を紹介しているが（1970），筆者もパリンダーとは違った意味で同感である。すなわち，中世と同じ様式や内容とは異なるが，構造主義的（Lévi-Strauss, 1955）に見た場合，魔女狩りは現代においても行われているのではないか。もちろん「異端裁判」や「火刑」などはない。しかし組織

や企業など，階層社会のあるところでは，謂れのない理由で降格され，有無を
いわさず左遷される人々がいるが，それらの人々は，"魔女狩り"の犠牲者と
はいえないか。怒り，うつ症状，やるせなさ，孤立，心身の苦痛，自信喪失，
人間不信，自死未遂などの症状や苦悩のなかには，この現代の"魔女狩り"に
遭ったがゆえのものが含まれてはいないか。

　ところで，会社や組織は自らの企業倫理や職業規範を問うコンプライアンス
が，大学においてはパワー・ハラスメントに対処する委員会などが，このとこ
ろ立ち上げられている。しかし，現状を見る限り，機能しているようには思わ
れない。建前では，罰則など整備されていて，機能しているかのように見える
けれど，実質的には機能していないからこそ，後述するように，"魔女狩り"
が横行し，"魔女"とされる犠牲者が後を絶たないのである。

　ここで，現代の"魔女狩り"の例として考えられるものを挙げて考察するこ
とにする。まず，筆者が経験したものから取り上げたいが，他の例も含めて，
これらは公表するにはセンシティブな内容であり，"魔女狩り"側も，"魔女"
にされる側も，両方のプライバシー保護をする必要がある。そこで，事実を損
なわない範囲において修正を施してある。なお，筆者の例の場合は，いずれの
場合も"魔女狩り"側は，すでに故人になっていることを断っておきたい。

　筆者が卒論指導をしていた大学でのことである。卒論は，心理学のゼミで，
筆者が指導したグループ体験をまとめたものやグループの効果測定をしたもの
などがあった。それらは，筆者の専門である臨床心理学の範疇に入り，方法論
や書き方の指導や添削を経て，学生たちも卒論として整っているものに仕上げ
ていた。ところが，卒論審査のときに，主査であった教授は，「臨床心理学は
科学でも学問でもない。また論文は稚拙で，論文の体裁をなしていない」と，
学生たちを批評し，後の教員全体による判定会議でも，「せいぜい"C"か
"不合格"だ」と，断定した。当時，助教授であり，実質上はゼミを担当し，
論文指導に当たってはいても，制度上では主査にはなれなく副査でしかなかっ
た筆者は，会議の席上，教授に異議を申し立てた。しかし，もう一人の副査の
教員からも他の列席している他の教員からも，筆者を擁護する発言はなかった。
そして最終的には，言うことを聞かないのなら，「君を教授に昇格する約束を
していたが反古にしてもいいのか」であった。とっさに，「結構です。それよ

り学生たちの書いた卒論は形式も内容も整っているのでぜひ合格点をあげてください」と筆者は応答した。結果は、学生たちの論文は合格点を得たが、筆者の方は約束の時期には教授には昇格できなかった。

　この出来事のなかで、何が悔しかったかといえば、臨床心理学を学問として認められなかったことはもちろんのことであったが、とりわけ副査や同席していた教員たちの無言の仕打ちであった。何ということだと、寂しさと孤立感が押し寄せてきた。

　これは筆者が米国の留学先から帰国して間のないときで、教室に入りきれない程の学生が押し寄せたり、ゼミの希望者が殺到し、そのことに少々満悦していたときの出来事である。また、臨床心理学がどこの大学でも人気が出始め、隆盛し始めたころのことであった。そのようなこともあってか、筆者への風当たりは強く、嫉妬心や恐怖心を煽ったのかもしれないと思われる。

　別の機会の別の出来事もあった。筆者の大学院博士課程担当の是非を問う人事を2日後に控えた夜、ゼミ生と合宿していた会場へ電話があり、人事は取りやめになったことが知らされた。理由は業績上の問題はないが、"ボス"に協力的でないためということであった。そこで、「あっ、そうか。あのことなのか」と、思って背筋が寒くなった。それは1か月程前に、専門が異なる教授候補を他大学から迎えることに筆者が賛成しかねると漏らしていたが、そのことなのかなと振り返った。専門性を尊重する筆者のありのままの考えを同僚に話したことがあったが、それが広く伝わって厄になったのだと思った。「しまった！」という後悔の念に駆られたが、それが自分の人事に何ゆえに関係するのかと怒りも込み上げてきた。その晩はなかなか寝付かれなかった。後悔と怒りが交差して頭のなかを駆け巡っていたからである。どこがまずかったのか、自責の念も出てきた。翌朝、学生たちに気づかれないように、合宿を終え、やっとの思いで帰宅したが、気分が重かった。胃が痛く、悔しさと愁訴感、怒りで眠れないので、翌日、医者に見てもらうと、血圧が180を越え、脈拍も90以上であり、急性のストレス反応だと診断された。今風にいえば、さしずめパワー・ハラスメントといえようが、この出来事は、その後、何年もの間フラッシュ・バックして、繰り返し筆者を苦しめた。

　その後においても、筆者はいくつか不条理といえる体験に遭遇しているし、

上述のものよりも遥かに悲惨なものもある。また，現在も進行中のものもある。しかし，それらは生々し過ぎて，今のところ公表することが憚られ，また，遠慮しなければならないと思っている。まさに悲嘆の渦中にあるからである。

　一方，筆者の間近で見聞した例も少なくない。またクライエントの話す例もある。そのなかから，いわゆる時効になったものやクライエントから公にする許可を得ているものを挙げてみよう。

　ある男性は，本店勤務していたが，突然，支店の同種業務の社員の不正事件発覚のからみで管理職から降ろされた。直接の責任はなかったのに，担当の同種業務には同様のリスクがあるためということであった。あまりにも合点がいかないので異議を申し出たが，それが却って仇になった。不可解のうちに，降格され，配置転換で窓際族にさせられ，うつ状態になり，1年後に自殺未遂をした。

　降格された理由については，上記以外，とくに思い当たるものはなかったが，異議申し立てが良くなかったことと，上層部からは煙たがられていた節があったと振り返っている。有能で，仕事ぶりもよく，成績も抜群であったという。降格され，とくにストレスが強く嫌だったのは，席が今までの部署と同じフロアーの窓際にあり，かつての同僚とは顔を会わせなくてはならなく，屈辱の日々を送らねばならなかったという。はじめは上層部を憎み，復讐を企てようと決心したが，だんだん同僚の前で顔を上にあげることが辛くなり，自分を責め出した。「それしか（責めることしか）できることがなかった。それ以外何ができるというんですか」と，当時を振り返って，筆者に訴えた。そして，とうとう自分の首まで締めてしまったという。幸い一命は取り留めたが，筆者に，「世の中，不条理ですよ！」と訴えながら，涙を流した。この例も，先きに挙げたコンプライアンスが機能しておれば防げたかもしれない。しかし，多くの企業は経済的危機にあるときには，合併や統合による拡張が優先され，コンプライアンスが後回しになっている印象を受ける。

　仲良し3人組の高校生の例もある。そのうちの一人が後日に筆者のセラピーを受けに来談した。訴えによると，あるとき3人組でダイエット競争をしたという。3か月間経過したとき，クライエントは大きく体重を落とし一番成果を挙げていた。すると，もうダイエットはしないと他の2人。こんどは禁止され

ているお化粧で勝負と言い出した。そこで放課後お化粧を上手にし，他の2人を負かした。すると，先生に告げ口されて，呼び出され，生徒指導の先生から厳重注意され，保護者まで呼び出されて，恥をかかされた。

　ダイエット競争するまでクライエントは3人組のうち，いつも浮かばれなく，他の2人の言いなりになっていた。悔しかったので，ダイエットで頑張ったという。一番頑張って体重を落としたのに，無視された。つぎのお化粧の勝負も頑張って2人に認めてもらおうとしたが，頑張りが却って裏目に出て，2人からひどい仕打ちにあった。そして自らも面白くない経験をしたのであるが，結局は仲間から外される羽目になってしまった。問題は，他の2人を負かしたのが良くなかったのである。クライエントは怒りと悔しさ，それに他の要因も重なって精神的に不安定になり，思春期食行動異常と診断されるまでに深刻化してしまった。いわゆる"やせ症"であるが，"やせ症"の原因は病理の程度にもよるが親子関係や家庭での人間関係に帰因すると言われている。このクライエントの場合にも，親子関係の病理にその原因が見られたが，仲良し組から無視され裏切られたことに，そのきっかけを見ることができる。本来，友人とは，互いに刺激し合って友情を深めるものであろう。しかし，この例は，刺激し合うことが過度になり，却って裏目に出て友情を損なうことになっているといえる。

　以上，筆者の例も含めて4例を挙げたが，筆者が"魔女狩り"と考えている理由を以下に述べる。

　まず，"魔女狩り"側には，権力を奪われるかもしれないという脅威の裏返しとしての権力保持が見られる。それが顕著なのは筆者の2つの例である。筆者の行為は，あるいは，存在そのものが，彼の教授を脅かしたのであろう。当時，まだ大学のゼミにおいては新鮮に映った臨床心理学も，然りであったであろう。大学院担当昇格人事の取りやめになった例でも，「"ボス"に協力的でない」ことが理由にされたが，それは当事者である筆者からすれば不条理この上ないことであったが，当時の大学院の教授たちの権力保持の立場からは，昇格させないための格好の理由であったのであろう。

　他の2例においても，同様に，権力保持のなせる業であることが容易に推測される。ある男性の例でも，「煙たい」存在で，「有能」で，「成績も抜群」で

あったことへの脅威であり，"やせ症"の場合も，ダイエット競争やお化粧競争において「負かした」ことへの「仕打ち」にあったものであり，それは，とりもなおさず脅威を感じての「無視」や仲間から「外す」行為を誘発する結果を招いている。

これらは権力保持のために，いわゆる邪魔者を"魔女"に仕立て抹殺したのである。"疫病神"にして追い払っているのである。これは，まさしく"魔女狩り"の仕草である。

他には，保身や嫉妬も見られよう。教授や管理職，また仲良し高校生の2人も，自分が一番可愛く，他者が評判よく，かつ有能だと，嫉妬し，相手を抹殺しようとするのである。すべての人がそうであるとは限らないが，例に挙げた人たちには保身や嫉妬が見られている。

ここで心理臨床に力点をおく人間性心理学の視点から注目したいのは，いわゆる"魔女狩り"が，多くの場合，意図的に，あるいは意識的に行われるというより，むしろ無意図的なものが，あるいは無意識的なものが，したがって，パールズ（Perls, 1969）のいう"地"の部分で，ユング的には"共時的"になされる節があるということである。すなわち，たとえば，普段から，何となく感じている脅威，あるいは嫉妬，あるいは保身が，あるとき何かのきっかけを得て頭をもたげてくる。しかし，それは意図的でも意識的にでもないのである。筆者の例でいえば，常々臨床心理学に対する教授なりの嫌気や，あえて言えば，脅威が，学生の論文が提出されたことをきっかけにして，かつ筆者に対する日頃からの脅威も手伝って，「臨床心理学は科学でも学問でもない……」と，突出した言動になったのではないか。すなわち，"地"にあった思いが，突然，"図"になって表現されたのではないか。

筆者が，「とりわけ『悔しかった』のは，もう一人の副査や他の同席した教員たちからの無視であった」と振り返っているが，この，無視という行動も，彼らの"地"にあったもので，それが教授の言動とシンクロナイズ（同調）して集合的に，あるいは"共時的"に表出されたものと考えられる。これが現代における"魔女狩り"の特徴のように思われる。すなわち"魔女狩り"は，単独の言動ではなくて，複数のものの内に共通して"地"にあったものが集合的に，あるいは"共時的"に表出される結果であるといえよう。この特徴は，

「みんなと一緒」でないと何もできない人間の脆弱さのなせる業で，人間の性^{さが}といえるであろう。

　もう一つは，脅威や嫉妬，あるいは保身の投影が“魔女狩り”として顕われるという視点である。ここでいう投影とは，自らのうちにある恐怖心や嫉妬心は認め難いので，“魔女”は恐ろしく，したがって害を与えるので抹殺しなくてはならないという感情が屈折したものである。例に挙げた筆者の場合では，教授や他の教員たちの恐怖感や嫉妬心の投影された結果と見ることができるであろう。また他の例においても，管理職や他の職員たちの投影であるし，仲良しグループの2人も同様と考えられる。すなわち，元はといえば，われわれの内にあるものが防衛機制によって投影された結果なのである。この投影は，自我の未成熟さと関係がある。換言すれば，他者に責任をなすり付ける行為であり，自我が育っていない場合に生起しやすい（Perls, 1969）。それゆえ，この自己の投影という視点も，人間の性^{さが}の問題として無視できないものである。

　一方，現代の“魔女”とされる側の特徴もある。その一つは，馬鹿正直さ，あるいは過剰なまでの正義感である。筆者の場合でいえば，昇格は「結構です……」と言ってしまうところである。ある男の場合では，「不条理」と感じ，上層部に異議を申し出たところである。そのことが却って仇になっている。しかも，過剰なまでに自責の念を強め，うつ症状を呈し，自殺未遂という結果を招いている。これらは，馬鹿正直さ，あるいは正義感が強すぎたためと考えられる。仲良し高校生の場合も，認められ，うだつを上げるためではあったが，馬鹿正直さが目立っている。勝負にあまりにも拘った結果といえよう。

　他の特徴としては，今回取り上げた例から，やり手，秀でたところを誇示する，猪突猛進などが見られる。さらには，“地”の部分で権力志向が潜んでいる可能性もあろう。

3．現代の“魔女”経験の心理的過程

　“魔女”とされること自体が不条理であり，屈辱であり，悲嘆の経験に他ならないが，それは，フロイト的に言えば，トラウマ的経験であり，DSM-5によればPTSDであろう。パールズ的には心的ゲシュタルトの崩壊，あるいは

未完結の経験（unfinished business）である。そのプロセスを，筆者を含めて経験したものの経験知として，まとめてみると以下のようになる。

　はじめに襲ってくるのは「ショック」で，それは何が何だか分からない状態である。すぐに「パニック」状態が続き，今までの心の平和が乱れ，心身の異常をきたす。そして何度も振り返り，信じられない状態がくる。「否認」である。「何故だ！」と合点がいかなく，「怒り」が込み上げてくる。しばらくすると，怒りは反転して，「自責の念」すなわちギルティ・フィーリングとなって襲ってくる。その後，「悲しみと恐怖」のフラッシュ・バックに見舞われる。これらの過程は，段階的な一方通行ではなく，何度も元へ戻って繰り返す複雑なものである。しかし，時間が経ち，苦闘した後に，経験を「置いておける」状態がくる。それは，経験を受容することではなく，忘れはしないけれど，そのまま置いておけるようになる。置いておけるというのは，経験したことは事実であるし，それは消えて無くなるのではなく，そこに在るのであるが，それほど気にならなくなる。それほど筆者を悩まさなくなってくることである。しかし，そのような状態になれたのには，筆者の場合は，およそ20年以上の年月が経過している。そして今では，“魔女狩り”に遭った経験を，人間としての“豊かな経験の知”とすることができるようになっている。すなわち，“魔女”

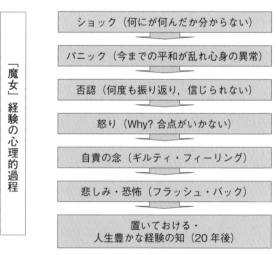

図4-1　“魔女”経験の心理的過程（倉戸，2010）

44

にされ，それは悲嘆の経験であったが，それに伴って感じられる悲しみや痛み，怒りの感情を，あるがまま，一つの貴重な経験として距離を置いて見つめることができるようになっている。また同時に，人間には負の側面のあることを承知し，それを包含して，少々のことではへこむことのない強かな人間，ベッテルハイムがいう“鍛えられた心”（Bettelheim, 1979）の持ち主，パールズ的には，変化する外界に気づきを持ち，それに“コンタクト”ができるように自らを変容させることができる人間になれていると自己洞察できるようになっている。ここで“コンタクト”とは，“触れる”ことであるが，外界の変化に“対応”するというほどの意味である。

4. 人間の性との闘い

『広辞苑』によると，性とは，1）もって生まれた性質や宿命。2）習慣，くせ，とある。また，『Klein's *Comprehensive Etymological Dictionary of the English Language*』（Klein, 1971）によれば，ラテン語の自然を表す“nātūrā”からきていて，本来の性質（innate）や生まれつきの性質（to be born）とある。哲学や倫理学の観点からは，「悪」を“是”とした“性善説”と“evil”とした“性悪説”とがあり，したがって性についても両義的であることが分かる。しかし，本稿では，その辺りも踏まえて，経験的に得た知見から，前述のように，権力志向，あるいは保持，嫉妬心，保身などを人間の性の観点から見ていく。

権力志向，あるいは保持

これは，役職に早く就きたい。立身出世して他者より上に立ちたい，力を得たい，支配したい，一番になりたい，などである。このような志向は，ひとえに人間の闘争本能とでもいうか，動物的な側面が強調される人間の性かもしれない。動物的とは，ここでは，衝動で動き，かつ弱肉強食のことをいうが，動物の場合は，飼育されている場合を除いて，獲物を必要以上に蓄えることはしないし，節度があるといわれている。しかし，人間の場合は，際限がなく，権力は，さらに権力を持ちたいとエスカレートする。そのようにして権力を得た

者が恐れるのは権力を奪われること，したがってその恐れを払拭するために，手段や過程を選ばず，さらなる権力増大を図るという悪循環になる。しかしこれが人間の性(さが)なのかもしれない。そしてそれは，だれにでもあることかもしれない。筆者も大学という組織の中で，早く教授になりたいと，上昇志向をしていたときがあったし，役職時代，あるいは教授という地位にのぼってからも，立場上，知らないうちに権力的になり，"魔女狩り"をして教員や職員，また学生を窮地に追いやっていたことがあるかもしれない。"勝てば官軍"で威張っていたかもしれない。これは，今風にいえば，"勝ち組"を志向する価値観であるが，これには抗し難い側面がある。そして一端，"勝ち組"になり権力を手に入れたら，ひとえに保持に努める。一方，この"勝ち組"は"負け組"あってのものである。多くの人を"負け組"に蹴落として勝ちを得たものである。この場合に問われるのは，勝ち方，すなわち，どのようにして勝を手に入れたか，その過程が適切であるかであるが，それによって人間性に悖(もと)る行為であるかどうかが決まる。この問いが，意識化されている場合は人間の悪の行為ということで済むが，多くは無意識のうちに，あるいは気づかない振りをして，あたかも正当であるかの衣を着せられて実行されている。それが人間の悲しい性(さが)のように思われる。

嫉妬心

　嫉妬心は，ジェラシーともいわれ，愛する人の気持ちが他へ向くときに起きる感情のことであるが，人から好かれている他者を妬む心，あるいは他者の持ち物，地位，名誉などを妬ましく思う心も入る。これもだれにでも見られ，人間関係やサバイバル競争には欠かせないものなのかもしれない。しかし，嫉妬心は，自我境界が弱く，自他の区別が付きにくいときに生起される（Perls, 1969)。したがって，すべてを自分のものにしたいという独占欲となる。そして敵意を生み，競争心を必要以上に助長させる。競争は競争を生むからである。そしてこれは際限のない闘いとなるのである。これも人間の性(さが)との闘いかもしれないが，闘い方が問題となる。すなわち闘いがフェアであるかどうかが問われ，他者の人間性を無視し，競争のための競争になっていないかが問題にされる。

保 身

　人は，我が身を可愛いいと思うあまり，他者を無視し，脅威から身を守ろうとする。結果，自ら沈黙をする。"見ざる・聞かざる・言わざる"である。自ら傷つきたい人は，病理的な人以外にはいないからである。また，あるときは，"勝ち組"の方に付く。これらが保身である。そしてこの保身はだれにでもある。ときには，現代社会の中で，とくに組織や集団の中でサバイバルしていくためには，必須と考えられるかもしれない。しかし，この保身の場合も，どのようにして自らを守るかであり，守ることばかりを考える成員同士の集まりでは，まとまりようもなく，膠着状態になる。そして互いに違いを認め合う民主的な風土は生まれなく，凝集性の高い集団はつくれないであろう。つくれないどころか，ときには他を蹴落としてまで，自分の地位や立場にしがみつくので，破壊的となる。この保身も人間の性だとしたら，まず，そのような自己に向き合い，自己の性と闘い続けなければならない。なぜなら，保身は競争を強いられる現代社会においては，必ずと言っていいくらい見られるからである。しかし，病理的で慢性的に固着してしまっているものではなく，適度で了解の行くものとしたいものである。

　以上，人間の性の視点から現代の"魔女狩り"の特徴を見てきた。そして"魔女狩り"に顕在化される権力志向や保持，嫉妬，保身が人間の性だとすれば，中世の魔女狩りがそうであったと同じように，人間はこの性との闘いを強いられていることになる。そこで，まずは，そのことにわれわれが気づかねばならない。もしかしたら，いままで見てきたように，現代人は気づいていても，それこそ気づくこと自体，あるいは口にすることのリスクを恐れて，集合的に同調し，きっかけを掴むまでは，"地"や意識下へ追いやってしまっているのかもしれない。もしそうだとすれば，"魔女狩り"は後を絶たないであろう。そして現代人は，永久に自らの性に恐れながらも闘い続けなければならないであろう。

　一方，現代の"魔女狩り"は，現代社会が内包する課題でもある。たとえば，技術開発は物質的な豊かさをもたらすが，精神性の豊かさは，却って蔑ろにされ，人を物にしてしまう危険性があるからである。それは物の優劣を生み，優劣は成果のみを問題にする競争となる。競争にも，進歩をもたらす意味のある

ものと他を貶めたり，人間性を踏みにじるものとがあろう。確かに，現代は競
争社会の中で強かに生きることが求められているのも事実である。温室育ちの
ような草食系の人間は役に立たないとされている。そこで競争ができ，勝てる
人間が志向されている。

　しかし，競争は，何のための，何を犠牲にして，誰のためのものかを問う必
要があろう。これは自己の欲求と他者の存在への畏敬の念とのバランスの問題
であり，システムや仕組みの問題とも絡んでくる。バランスとは，フロイト的
にはイド，エゴ，スーパーエゴの調和であり，パールズ的には“アンダードッ
グ（負け犬）”と“トップドッグ（勝ち犬）”との均衡になる。また，個人の内
面のバランスだけではなく，どのようなシステムや仕組みが個人にバランスを
もたらし，人間性を踏みにじることのない，すなわち“魔女狩り”のない社会
を築いていくことができるのか，英知を結集しなければならない。

　人間は，“ヒト”の時代から“ホモ・サピエンス”すなわち，“a creature of
wisdom（知恵をもった生き物）”へと進化してきた。しかし人間は，テクノロ
ジー以外の領域で，たとえば，精神性において，はたして，知恵を持ち，進化
してきたであろうか。最近は，むしろ，退化しているのではないかという見解
もある（Kurato, 2007）。この見解は人類史が教えるところでもある。旧約聖
書や日本書紀をひも解くまでもない。そしてそれは，一言でいえば，人間の性
の問題が立ちはだかっているからであろう。この人間の性の問題は，個人がい
くらもがいても集団や組織，また社会は良くならなければどうしようもないと
いうジレンマもある。この点に関して，スティーヴンス（Stevens, 1970）は
その著『*Don't push the river; it flows by its self*』の中で，「人間は，いくらも
がいても，川の流れを変えることはできない。変わるのは，自然に自ずとそう
なったときである」と，きわめて厳しい示唆をしている。彼女から，この示唆
を直接に聞いたときには，何事にも前向きな筆者は打ちのめされた感があった。
そして，「だからといって，手をこまねいて何もしない傍観者にはなれない」
といって反発したものである。人間の性が，“魔女狩り”のように，“地”にあ
ったものが共時的に，かつ集合的に突出してくるものであればあるほど，筆者
は，自己の内面を熟視し，“気づき”をもたなければならないと感じている。
換言すれば，強きものに流され，何もしない傍観者ではなくて，外界で何が起

きているかへの気づきをもち，それにどのように応答するか，自らの内面にも気づきをもっていくことはできると考えている。この“気づき”とは，内面の気づき，外界への気づき，ファンタジーが挙げられているが，「なるほど」「あっ，そうか！」と，身体中のセンセーションを伴うものをいう。パールズの弟子であるポルスター（Polster, 1973）は，上記とは別の側面から，センセーション，感情，欲求，価値観を挙げているが，内面の気づきが強調されている。すべては，「気づきに始まり気づきに終わる」（Perls, 1969）とするパールズの神髄に触れることになるが，この点の詳細については，稿を改めなければならないが，ここでは示唆に留めておきたい。

エピローグ

　現代において虐げられ，不条理に苦しんでいる人を覚えるときに，中世の魔女狩りと重なることを見てきた。その結論は，構造的に見た場合，“魔女狩り”は，現代においても，まだ終わっていないということである。つまり，人は，気がついていない場合が多いが，“勝ち組”の仲間に入ろうとする。そしてそのために人は，いつの間にか，現代の“魔女狩り”執行人となる。一方，人は容易に，“魔女”に仕立てられてしまう。どちらも，“地”にあるものが，シンクロナイズドされ，集合的に表出される。そこに現代の“魔女狩り”の特徴があると見たが，いずれの場合も，その中心にあるのが人間の性（さが）の問題であろう。人間は，この性の問題を克服できない限り，いくらテクノロジーが進歩したところで，人間の負の問題を背負っていかなければならないであろう。

　そこで思うことは，はたして，人間は自らの性（さが）との闘いを挑む勇気があるであろうか。それとも，人類史が続くかぎり，この闘いを限りなく後生大事に持っていくのだろうか，ということである。さらに思うことは，とにかく，人間性心理学を標榜する一人として，薄っぺらな楽観主義ではなく，人間の性（さが）に代表される負の部分を含めて，人間性の本質をさらに探求したいということである。これが筆者の思いである。

　ところで，今回は，問題提起を意図したので，その側面が目立ち，対策については示唆に留まっている。今後の課題としたい。

文　献

Barstow, A. L.（1994）. *Witchcraze: A new history of the European Witch Hunts.* New York, NY: HarperCollins.（バーストウ，A. L.　黒川 正剛（訳）（2001）. 魔女狩りという狂気　創元社）

Bettelheim, B.（1960）. *The informed heart: Autonomy in a mass age.* New York, NY: Alfred A. Knopf.（ベッテルハイム，B.　丸山 修吉（訳）（1975）. 鍛えられた心　法政大学出版局）

Encyclopedia Britannica（2005）. *Witchcraft.* Encyclopaedia Britannica.

Klein, E.（1971）. *Klein's comprehensive etymological dictionary of the English language.* New York, NY: Elsevier Scientific.

倉戸 ヨシヤ（2010）. 現代の"魔女狩り"と人間性――人間の性との闘い　日本人間性心理学会第 29 回大会学会賞記念講演（熊本大学）

Levy-Strauss, C.（1955）. *Trises Tropiques.* Paris: Librairie Plon.（レヴィ＝ストロース，C.　川田 順造（訳）（1977）. 悲しき熱帯（上下）　中央公論社）

Perls, F.（1969）. *Gestalt therapy verbatim.* Lafayette, CA: Real People Press.（パールズ，F.　倉戸 ヨシヤ（監訳）（2006）. ゲシュタルト療法バーベイティム　ナカニシヤ出版）

Polster, E., & Polster, M.（1973）. *Gestalt therapy integrated: Contours of theory and practice.* Oxford, UK: Brunner & Mazel.

上山 安敏（1998）. 魔女とキリスト教　講談社

森島 恒雄（1970）. 魔女狩り　岩波書店

Sallman, J.-M.（1989）. *Les sorcières, fiancèes de Satan.* Paris: Gallimard（池上 俊一（監訳）（1991）. 魔女狩り　創元社）

Stevens, B.（1970）. *Don't push the river; It flows by itself.* Boulder, CO: Real People Press.

Twain, M.（1896）. *Personal recollection of Joan of Arc.* New York, NY: Harper & Brothers.（トウェイン，M.　大久保 博（訳）（1996）. マークトウェインのジャンヌ・ダルク　角川書店）

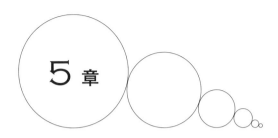

包括的心理臨床における"癒し"の研究：
バリ島における調査から

はじめに

　心理臨床に携わっていると"人間"の"喜び"や"悲しみ"，とくに"病理"や"症状"のもつ意味は何なのか，ときに思いに耽ることがある。そのようなとき分からなくなり，割り切れない感情が惹起されてくるのであるが，深遠な人間の存在やその一生はいかなるものかを想う。

　そして，日常業務の上からも専門的立場の上からも，心理臨床家として何をしているのか，そこでは，とりわけ"癒し"が鍵概念になるが，いったい"癒し"とはどのようなことをいうのか，筆者の頭にこびり付いて，離れなくなった。

目　的

　そこで，"癒し"とは何か。"トポスの知"や"パトスの知"を求めてバリ島を訪ねた。2回目の訪問であったが，そこで得た経験と文献から，心理臨床の専門性や実践に照らし合わせながら，トポス的（場・方向）観点とパトス的知（経験の知）の観点から"癒し"を包括的に考えようとした。

概念の理解

バリ島は，インドネシア南方に位置し，バリ・ヒンドゥー教が根強く残っているところ。面積 5633 km^2，人口 312 万人で"神々の住む島"といわれているが，西欧化された地域も増え都市化が押し寄せているが，まだまだ田園風景や文化，とくに寺院の残されているところである（写真 1）。

写真 1　バリ島

"癒し"とは，基本的には，心理療法でいう"援助"であり，治癒，洞察，ケア（care）などをさすが，ここでは精神的拠り所や安定も含める。

"トポスの知"とは，ゲシュタルト療法でいう"場"あるいは"オリエンテーション（方向性）"をさす。

"パトス的知"とは，"経験の知"で，"臨床の知（中村，1999）"と近似である。いずれも，近代西欧的知識とは異なるもので，情念，受動，受苦，痛み，病にかかわるもので，分析的で機械論的な近代西欧的知識と対比的であるところが特徴である。

方　法

インドネシアのバリ島にある 2 つの宮殿（ケランビタン宮殿とカンガセム宮殿）でのバロン・ダンスやケッチャ・ダンス，またレゴン・ダンスの観劇・分析を国王の孫（Anak Agung Ngurah Agung 氏）や案内人（I Gede Sudistirawan 氏や Kadek Suriasa 氏）や文献から得られた知見と，心理療法のなかでみられるクライエントの様態とを照合する方法を採る（写真 2，3）。

写真2　ケランビタン宮殿の王様一家

写真3　Anak Agung Ngurah Agun 氏と
兄夫婦

結果と考察

[1]　トポスの知

　トポスの知とは場・方向性のことであるが，日常生活のなかで活かされている。

　1）バリ島では精神的安定を得るためには方向を知り，その感覚を持つことが人々の生活において重要になるという。その感覚を持てないときはパリン（Pling）状態といい方向感覚を失い混乱状態に陥る。この方向のなかで指針となるのがアグン山であるが，このアグン山と南に位置する海との位置関係から自分の位置を知るのである。バリ流コスモロジー（自分の中にある宇宙）である。これは，物理的・地理的な位置関係だけではなく，心理的な居場所（北山，2000）もしくは回帰性（倉戸，2008）を想定させるが，知覚の法則でいえば，近接の要因や共通運命の要因，あるいは認知地図を思わせる。この法則に従わないときは，バラバラでまとまりがなく，視覚されないのである。それは多くのことがらが図として一度に意識化され，一つの形として，まとまり得ない状態をさす。図が多くあることは，選択肢が多くありすぎ，図として浮かんでこないことであり，したがって選べない状態にある。それゆえ，ゲシュタルト療法では，欲求の高次のものからとりあげるランク・オーダーといわれる価値の順序づけ（倉戸，1998）が手がかりになる。

　“痩せ症”の患者（齋藤學の TV での報告）の例がある。その例によると，ある痩せ症の患者は駅から自宅に帰る道程が決まっているという。すなわち，

工事現場の横を通って小さな路地に入り，そこの小売店で定まったものを買い，再び路地を右に曲がって自宅に辿り着く。この道程が毎日定まっていて，生前の父親の道程そっくりであった。一方，母親と兄は，銀行のある大通りを通って，商店街をくぐって，家路につく。これは患者とは正反対の道程であったという。患者の道程は，第一に落ち着くからであり，第二に父親似である患者にとっては父親との同一化を確認する無意識的な作業を意味するものであり，それは母親や兄と対照的な性格や心に潜んでいる攻撃性，すなわち母親や兄は父親を救えなかったという怒り，を象徴するものであった。

　この例は，場や方向と精神性が深く関わっていることを示唆し，トポス的知の存在のあることを物語っていよう。

　2）筆者は，セラピストとして，クライエントやワークショップ参加者の認知に混乱が見られることを観察している。あるクライエントは相談室に入室する前には，必ず，相談室のあるビルの周りを一周してから入室する。気持ちを落ち着かせるためだと言っていたが，“呪い”（儀式）でもあると言っていた。

　また，別のクライエントは，定まった喫茶店で定まったコーヒーを飲んでから来室する。これが習慣になっているという。これらも，気づかずに身につけた小さなトポス的知恵かもしれない。

　合宿形式のワークショップの参加者で，帰路に電車を乗り過ごしたり，間違えたという報告を受けることがある。他にも，どう帰路についたらよいか，迷ったり，分からなくなり，ひどいときは放心状態になり，しばし困ったという報告もある。これらは，3日間なり4日間，あるいは長いときは6日間なり，都会の雑踏から隔離された寺なりホテルなどの合宿所で外界を処断しての缶詰状態で，心の内側に集中し，ひたすら心の葛藤や動きと取り組むことに集中し，いわば文化的孤島というべき状況にあったための影響と捉えられる。それゆえ，閉会のときには，外界へ戻っていく作業をする。すなわち，現実適応をするための儀式をする。これは五感を活性化する作業をすることを意味するが，そうしないと上記のような混乱や困難に遭遇することがある。これもトポス的知が崩壊することを示しており，閉会のときの儀式はトポス的知の活性化をはかる知恵ということができよう。

　3）今日の地域社会においてもトポス的と思われる現象が報告されている。

たとえば，ある住宅街でバラの花を丹精込めて育てている家があった。その家の主婦が家庭で出た炊事ゴミを堆肥にして土壌改良に努め，見事なバラ園を造っていた。バラはつぼみのときも，咲き誇るときも，また刺もバラであり，この両面持ち合わせているという取り合わせが，人間の有り様と重なるところがあり，自らの心を象徴するものと思えて好きであったという。それゆえ，ひたすら精を出していたのである。ところが，あるとき，何を思ったのか，2，3本を残してすべて引き抜いてしまったのである。気分を変えたかったからと言っていた。

　これは，この主婦の個人的な趣味とでもいえるもので，育てたのも引き抜いたのも，他家を意識してはいなかった。しかし，バラがなくなってみると，ある老夫妻と家の前で偶然会ったとき，毎日の散歩で「お宅の方向に来てバラを見るのが楽しみであった」と告白された。それは散歩コースに組み入れられていて，老夫妻の楽しみであり，きっと心の優しい人が育てているのだろうと思い巡らし，慰めであったのである。それゆえ，どうして抜いたのか，残念だと言われた。別の人も立寄り，いつも花も葉も見事な様子に家の人が丹精こめて育てていることが分かり，癒されていたと声をかけられた。このようなことがあり，主婦ははじめて自らやっていることが，地域とつながっていたことを知った。

　この報告は，この家のバラが育て主を含めて，自然に地域の人々の場の意識や方向性と関わっていることを物語っている。あの方向にある，あそこのあの家まで行ってみよう，そしてバラにあやかろうという認知地図が頭のなかに描かれている点で，これもやはりトポス的な知であるが，楽しみや慰め，癒しになっている。それだけではなく，地域に一つの方向性を与え，癒しの場となっていたといえる。

　4）バリ島では精霊崇拝が見られる。外壁，路地や曲がり角に小動物の置物や精霊たちのレリーフが彫られているところに遭遇する。これはアニミズムであるが，デーモンを避けるために方位づけ（アグン山からの）と祭礼であるといわれている。

　この精霊崇拝は日本でも見られる。古都，とくに京都にみられるが，鬼門にあたる方角には，鬼門除けとして神仏を祭る慣習がある。京都だけでなく，鬼

門の方角の屋根瓦には鬼瓦を当て，災難を除ける
ための祓いをするところは全国的に見られる。こ
れもアニミズムではあるが，トポス的知の一つと
いえよう。

　5）現代の家の構造，すなわち玄関，両親の部
屋，居間，台所，便所の配置もトポス的に配置さ
れているといえないのか。玄関から始まって，奥
にある両親の部屋，すなわち奥の間までの配列は，
トポス的知恵により順序よく配列されている。京
都などでは，接待するのにはじめは，玄関へ座布

写真4　割れ門

団をだして，そこで話し込む。そして慣れてくると応接間へ通される。筆者は
学生のときそのような経験をしたが，見知らぬ人への対応策という知恵，トポ
ス的知恵に拠っていたのかもしれない。

［2］パトスの知

　パトス的知の観点からは，まずかつて8つの宮殿により区画されていた地域
の入り口には"割れ門"がある。これは，さらに小分けされた村にもあるし，
個人の家にもみられる。"割れ門"とは，天上もなく扉もなく左右に支柱のあ
る門のことである（写真4）。この"割れ門"は，"善"と"悪"とを象徴し，
両者の戦いは，永遠に続くといわれている。これは，バロン・ダンスに登場す
る魔女ランダ（Rangda）（写真6）と聖獣バロン（Barong）（写真5）の対照
的な存在にも共通する。魔女ランダは女性で悪しき魔術を使うが，バロンは男

写真5　聖獣バロン

写真6　魔女ランダ

性で善なる魔術を使う。ランダは病気や死を招く夜であり，バロンは病を癒す光で太陽である。しかし，この二元的な対立は西欧的な悪と善と同じではない。バロンは怪獣として暗闇に棲んでいるし，一方，魔女ランダも死を招くが，やがて再生をもたらすのである。この両義的な視点が，バリ島らしいのであるが，ベイトソン（G. Bateson）のダブル・バインデッドの考えやユング（C. G. Jung）の相補的な考えに影響を及ぼしているという考察がある（中村，2001）。

　この両義的な視点は，ゲシュタルト療法の"図"と"地"に酷似している。場のなかで，どちらを"図"として捉え，価値を置くかという視点と，ほぼ同じであるといえよう。また，ゲシュタルト療法でいうアンダー・ドッグ（負け犬）とトップ・ドッグ（勝ち犬）との対比も類似している。アンダー・ドッグは魔女ランダであろう。本音，感情や小言，愚痴，欲求の赴くままに振る舞う身体というところが，そうである。トップ・ドッグは，建前，規範，しつけや教えに忠実というところが，バロンに似ている。このアンダー・ドッグとトップ・ドッグも互いに戦いを繰り返し，葛藤状態，そして究極的にはインパス（袋小路）を招くのであるが，これなども，善と悪のせめぎ合いに似ている。

　医療の文献をみると，統合失調症でバリ島と東京の2つの病院入院患者の比較研究がある（栗原・加藤，2003）。そのなかで，予後についてのところでは，バリ島の患者は服薬することがなく社会で生活できる傾向を見出している。理由として，「患者に対する家族や社会の受容性の高さが推測される」としているが，この点が東京と違うが，示唆に富む報告である。

　バリ島の宗教的神事であるダンスは，バロン・ダンスであれ，ケッチャ・ダンスであれ，レゴン・ダンスであれ，バリ人の精神性や魂とでもいえるものがアクト・アウトされる。その迫力はそこに居合わせたものを興奮のるつぼに招き入れる（写真7，8，9）。とくにトランス状態に入った男たちが短刀（クリス）をもって登場し，自らに突き立てる有様は圧巻である。このアクト・アウト，すなわち登場人物になりきって演じる様は，スピリチュアルな興奮を覚える。その際，真にトランス状態に入っているのか，論議することがあるが，宮殿で私たちのために演じられたダンスでは，ビデオをまわしながら，震えた。目の当たりでそこに居合わすと，リアルでトランス状態にあることを見て取れたからである。ダンス終了後，インタヴューしてもよいと許可が出たが，演じ

た人も居合わせた私たちも，ともに感動と
興奮状態が収まらず，インタヴューどころ
ではなかった。

写真7　短刀を刺す

　このように，バリ島のダンスでいえば，
悪，死，病，苦，情念という，近代の西欧
文化では忌み嫌い，排除してきたものであ
るが，見事に光が当てられている。その様
は，それらと手を切り，価値を置かない，
私事化された近代西欧的自我に対して，情念をもとに相補的で両義的である
"パトスの知"（中村，2001）を彷彿させるものである。

　日常の心理臨床においても，パトス的経験をすることがある。それはグルー
プ・セラピーにおいて，クライエントの行動であれ，言語であれ，アクト・ア
ウトしているところにセラピストとして居合わせるときである。たとえば，障
害をもっていた弟を庇い，結婚後は障害をもつ息子を抱え，今度は末期がんの
夫の看病とで，「擦り切れそう」と訴えたクライエントがいた。セラピストの
招きに応じて，鎮守の森の古木に自ら喩えたセラピーのなかで，「何百年も生
えているので，あなたの小さいときも，いかに弟を庇い，支えてきたか，あな
たのお母さんも，おばあちゃんも，代々知ってるよ……息子さんを愛してきた
ことも，また"しんどかった"ことも，その上今度は夫を看病しなくちゃなら
なくなったことも，みんな見ている。あなたが，どんなに辛くて"しんどかっ
た"か，ちゃんと見てる……」というチェア・ワークがあった。なんと洞察に
富み，支持的で，自己治療的であることか。それは，荘厳でスピリチュアルな

写真8　失神（トランス）状態

写真9　失神（トランス）状態

雰囲気を漂わせていた。グループの参加者も感動を覚え，しばし身動きできなく，一つに結ばれているかのようであった（倉戸，2003）。

　以上見てきたように，見聞をしてきたところでしかないが，競争社会のなかで勝ち組や成功することに価値を置く近代西欧的自我が横行する日本において，バリ島のトポス的知やパトス的知によりダンスの中に表現され復活される"弱者"や"悪"は，現代に何が欠けているかを示唆している。ゲシュタルト療法の，図と地，その反転の概念からみれば，"強者"は"弱者"の対比概念でしかなく，"弱者"の存在があってはじめて"強者"の概念が成り立つことの意味するものを再考したいところである。

　日常，来談するクライエントは，現代においては，いわば"弱者"であり，"排除"される存在でしかない。しかし，バリ島の価値観からすれば，"弱者"も"悪"も，両義的な意味があり，排除し，忌み嫌う存在ではない。むしろ，両義的意味において，バリ島の人々の精神的支えとなり，心の安定を与えているように，"弱者"や"悪"のもつ意味があろう。私たちのガイドで博学のKadek Suriasa 氏は，病気になったら，最初は近代的西洋式医学の整っている病院に行くが，治らなかったり，重篤なときは，ナチュラル・メディスンマンのところに行くと語ってくれた。いわゆる，バリ島では"悪魔祓い"（中沢，1992; 上田，1990，1992）の習慣が生きているのである。観光客の増加や近代化の波に押されぎみの現代ではあるが，まだまだ人々のなかに根付いている。

おわりに

　バリ島にはトポス的やパトス的な社会構造が存在し続けて，人々の生活の基盤や困難に遭遇したときの"癒し"になっている。筆者は，ホモ・サピエンス（A creature of wisdom），すなわち叡知をもった生き物の観点から，「Hey! Where are we *Homo sapiens* going?」（HICSS で口頭発表，2000），「Robot-like human and Humanoid-robot」（HICSS で口頭発表，2000）などの中で考えてきた。このたびのバリ島における研究も，上記の流れに添ったものである。

文 献

Doniger, W.（2009）. *The Hindus: An alternatiove history*. New York, NY: Penguin Press.

Eisenman Jr, F. B.（1990）. *Bali, Sekala and Niskala Volume I: Essays on religion, ritual, and art*. Singapore: Periplus Editions.

北山 修（2000）. 居場所 誠信書房

Knight, O.（2008）. *Reflections of a reluctant psychic*. Crystal Moon Publications.

倉戸 ヨシヤ（1998）. ゲシュタルト療法 現代のエスプリ, 375 号 至文堂

倉戸 ヨシヤ（2008）. 心理療法における "今-ここ" ――ゲシュタルト療法家の覚え書き―― 人間性心理学研究, *25*(2), 7-17.

Kurihara, T., Kato, M., Sakamoto, S., Reverger, R., & Kitamura, T.（2000）. Public attitudes towards the mentally ill: A cross-cultural study between Bali and Tokyo. *Psychiatry and Clinical Neuroscience, 54*, 547-552.

中村 雄二郎（2001）. 魔女ランダ考 岩波書店

中西 弘典（2010）. バリ島の統合失調症に関する文献的考察 福島学院大学大学院附属心理臨床相談センター紀要, 第 4 号, 43-47.

中沢 新一（1992）. 神話と科学 人間性心理学研究, *10*, 35-47.

上田 紀行（1990）. スリランカの悪魔祓い 徳間書房

上田 紀行（1997）. フィールドワークの実際：スリランカ――悪魔払いの癒し―― 多文化間精神医学, *23*, 307-312.

謝辞：本研究は，いまだ途中であるが，福島学院大学特別研究補助費による共同研究の一部である。また，2 つの宮殿の王族たちとの交流を可能にし，国王一族を表敬訪問し，握手し，ことばを交わす光栄や模擬の結婚式に参列し村中を行進する機会を与えられ，研究の便宜を図ってもらうことができたのは，福島学院大学の 20 年を超える友好の歴史があるからである。ここに特記して，学院の菅野英孝理事長に謝意を表します。また旅程のサポートをしてくれた佐藤敦子教授に感謝をいたします。

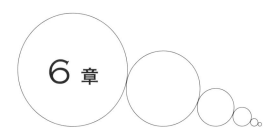

老若のつながり

　老若のつながりというテーマについて「老と若のつながり」「ケースに見る老と若の関係性」「老と若のコペルニクス的転回」に分けて見ていく。その骨子は，生物学的老化現象はだれでも免れることはできないが，そしてそれゆえに人間は悶々とするが，その中に幼子のような純粋性や謙虚さ，人類がもつ叡知などを併せもつ，いわばこころの中の若さというか，いつまでも限りなく噴出する成長や変容の源があること，すなわち老と若のつながりのあることを指摘することにある。

1．「老」と「若」のつながり

[1] 老若のつながりを解く鍵

　ここでは老若のつながりを見ていくのであるが，究極的には，老いの中にある若さ，そして若さの中にある老いを考えてみることを意図している。しかし一般的には，老いは老い，若さは若さと，直線的な関係として見ている場合が多いであろう。なぜなら，つながりは若さに始まり老いに至る直線的な概念として捉えられるし，また「まだまだ青二才のくせに」とか，「年には勝てん」などと，よく口にするところからいっても，直線的な物差しの上でリニアー（linier）に見ているのが普通であろう。

　筆者の場合も例外ではない。老いに近づき身体的な衰えを感じる年齢になると，老いばかりが意識され。若さなどどこにも存在しないと感じられることのなんと多いことか。悲しい限りである。ところが，そのような時，少しでも若く見られる服装を無意識にしている自分に気づく。あるいは身体を動かすこと，たとえばジョギングとかテニスとか，スポーツに精を出している自分がある。まさに老いを意識した行動といわざるをえない。しかし，これはどこまでを老いとして意識してのことであろうか。むしろ若さに執着しての行動といえないであろうか。一方，振り返ってみると，若いころは一人前に見られたくて，時に年齢よりも老けて見えるネクタイや背広を好んでいたこともあった。これらは，どこまでが男ゆえの行動なのか定かではないが，このあたりが人間の面白いところである。とにかく，言えることは，相反する行動をしているということである。しかし，この一件相反している無意識的行動の中に，老と若のつながりを解く鍵があるのかもしれない。

［2］老いとは，また若とは

　ところで，ここで取り上げられる老いとは，あるいは若とはなにを指すのであろうか。

　まず老いは加齢とともにおとずれる身体的な老化，とくに生理的なホメオスタシス機能の老化をいう。これは防ぎようがないものである。それゆえに，老化は春夏秋冬でいえば冬の時期にたとえられるとする発達心理学やライフ・サイクルを唱える学説（Levinson, 1978）には一応うなずけるものはあろう。しかし，これとても何歳からは冬の時期を迎えるのだとは定められていない。社会が老いをどう見るのかの価値観，夫婦間の関係や家族間の関係，男女の違い，また身体的・精神的健康度など，個人により違ってくるからである。

　とにかく，長寿社会を迎えた今日，身体的にもまだまだ元気なうちから年齢だけで一価的に老人と言われ，冬の時期に突入しなければならないとすれば，われわれは相当長い冬を送らなければならないことになる。たとえば，50歳後半で孫ができたとすると，男の場合，おじいちゃん呼ばわりされたり，もうおじいちゃんだから無理をしてはいけないなどと老人扱いされて，現役からはずされ，仕事や趣味，食事まで制限されたのでは，まさに枯れゆくのみの冬と

しかいいようがなく，生きがいを喪失したとしてもおかしくない。さりとて，まだまだ若いんだと，若さを保持しようと若づくりに励むのも考えものではある。このあたりの身体的老いと精神的若さのバランスが肝心となるのだが，これはなかなかうまくいかない。老いが冬という観点からすれば，その冬の中にある春，すなわち若さを感じることができればよいのであるが，それは容易ではない。なぜなら，「汝，自らを知れ」（ソクラテス）という視点からは己の老いを受容してはじめて若さにつながる視点を見出すことができるのだが，その老いを受容することの難しさが顔を出すからである。己の枯れていく身体を受け止めることは，究極的には，自らの命の有限性，すなわち死を受容することを意味し，実にさとりの境地に達していない限り至難のわざと思われる。しかし，人生はなんびとにも，この至難のわざに挑戦することを要請しているということができよう。

　さて，老いや若さとはなにか，周知の概念ではあるが，ちなみに，あるワークショップでこれら二つの言葉の連想を試みたことがあるので，その時のものを挙げてみると，以下のごとくである。老の連想としては古い，死，頑固，亀，醜，存在感，弱い，老賢者，叡知，したたかさ，などが挙げられた。一方の若の方では新しい，生，柔軟，うさぎ，美，行動力，強い，青二才，無知，軟弱，などが連想された。これらの連想で象徴されるように，実は老と若のどちらにも，両価的な価値が包含されていることに気づかされる。たとえば，老の連想である古いは，亀のようにのろい側面と老賢者や叡知という側面との両面を内包しているごとくである。しかし，普通，亀のようにのろい側面，ひいては醜や死の側面が意識に上っていることが多く，老賢者や叡知の側面が意識下に押しやられていることが多い。そこでこの意識下にある側面，すなわち老いの中にある若，あるいは若の中にある老いという両面的な価値の意識化が，後述するように，人の一生の深遠な意味をもたらす手がかりとなる。

　しかし，多くの場合，意識下にある側面と意識に上っている側面とがつながっているという認識に疎く，一面的で，かつ一価的な価値しか見ていない。要するに，若い時は人生を築くことや謳歌することに忙しく，実は，老人が年をとっていくのと同じスピードで年を取っているのに，若さの中の老いを意識していないことが多いということになる。また老いたときは老いを意識しすぎて，

前述の老賢者や叡知，また，したたかさなどの側面を十分に発揮していないか，意識していない場合が多い。

　それでは，老いはどのような時意識されるのであろうか。それは，まず身体的な衰えからもたらされるのが普通である。いわゆる野球少年であった筆者の場合も，30代に入りオーバースローができなくなり限界を感じたことがあったが，もうこれで好きな野球もできなくなるのかなと思った時，年を感じて人知れず悲観したものである。以後筆者の場合は，中年の時期は米国に滞在しており，日本人の筆者は年の割には若く見られたり，また多忙で健康であったので年のことをあまり意識してこなかったといってよいが，50代に入った途端，いわゆる五十肩をやり，もう若くない自らの身体を意識させられた。さらに老いが衝撃的に迫ってきたのは，その後数年してスキーに出かけ，昼食をとろうとゲレンデのレストランに夫婦二人で入った時であった。満員のレストランは，カラフルな服装をし華やいだ若者たちの熱気でわれわれを圧倒していた。思わず足がすくみ，空席を探すのをためらって，結局は，怖じ気づいて中へ入れず，昼食をとらずに外に出てしまったが，この時ほど自らの年を感じて気後れしたことはなかった。この突然襲ってきた気後れ感は，やがてうつ状態へと発展し，そのせいで昼食どころか，好きなスキーもなにもかもやる気を失くした。あっけにとられている妻をしりめに宿をキャンセルして，早々に切り上げて帰路についてしまったくらいである。

　これらのエピソードは，どこまでが男特有のものかはわかないが，いずれにしても，加齢による生物学的な老化現象に起因しているものであれば，心理的・社会的老化とでもいえるものでもあろう。ここで心理的・社会的老化とは二次的な老化のことをいい，精神的に年を感じて気後れしたり，過度に慎重になりすぎたり，気持ちのうえで老けてしまうことをさしているが，先のレストランの例は，複雑ではあるが，これに近いといえよう。この心理的・社会的老化に，筆者はその後数年間悩まされることになるが，それは一口に言えば，エリクソン（1986）のいう「目的と興味の喪失による生の感覚の萎縮」の経験であった。

[3] 老いの居場所のなさ

　この心理的・社会的老化は，老いたものの居場所がないことにも関係していると思われる。たとえば，先のスキー場の例でいえば，若者で埋め尽くされ，あたかも彼らの独擅場と化した感がそこにあった。それははっきりは言語化できないなにかであったが，あえて表現すれば，「スキーは若者のものだ。お前のような年寄りの来るところではない。いつまで若気気取りなのだ！　己をわきまえなさい！」というような感じに近かったと思う。かりにその場に筆者と同年配のものを見出していたなら，結果はちがっていたと思われるが，とにかく，それまで筆者は老若男女を問わず，スキーを好きなものならだれでもがはばかりなく，かつ思い思いのスタイルですべったらいいと思っていた。また，ある時米国で老夫婦がスキーを楽しんでいる光景を見て感激し，自分もまねをしたいと思ったことがあったが，しかし，上述のごとく，突然気後れし，場違いなところにいるという衝撃を受けたのである。そして居場所のないばつの悪さを感じたのである。このばつの悪さはスキー場だけではなく，海水浴場やスケート場，喫茶店，繁華街でも同様に感じられる時がある。これらのほとんどは若者の居場所となっているからであろう。ところが逆に，病院では老人たちが目につく。バスも路線や時間帯によれば老人たちの貸し切りかと見間違うことがある。このように見てくると，まさに，老若の居場所が二極化されていることが，老若のつながりや両価的な価値の認識を妨げていると思われる。

　換言すれば，老いは，この居場所が二極化されているところで一層身に染みて感じられるといえよう。そしてこのことは，社会が老いや若をどう受け止めているかを物語っている。すなわち，多くの場は若のためであり，老には価値をおかず，老は世の中に提供するものはなにもない，したがって居場所はないんだと決めつけている社会の風潮や価値観がそこにある。たとえば，子どもがいない老夫婦の場合を想定すればよい。彼らは，子どもを媒介とする若い世代とのコミュニケーションをはかる機会が少なくなり，老いを社会が許容的に迎え，尊重し，なにがしかの手段を考えないかぎり，外界とのコンタクトが希薄にならざるをえない。その結果はどうか。若人とのコンタクトの欠如から老いばかりが意識され，若さがもつ華やかさやエネルギーにあやかったり，吸収したりしえず，若を，エリクソン（1959）のいう内的な存在として自らの内界に

取り入れ統合することは果たしえないであろう。

　ところが女が倒れ，男が家事を引き受ける場合は，あるいは極端にいって，男が残された場合は，今の平均的男性像からいって男はきわめて不自由を感じるのではないか。ここでも社会の在りようが見え隠れしている。すなわち，家事をはじめとする家庭のことに男が関与してこなかった付けがまわってきているのである。逆説的にいえば，男は定年退職後仕事がなければ老けるのが早いのではないかと思われる。

　今見てきたように，一般的には，老若のつながりについては生物学的でかつリニアーな見方をしている。とくに老いに対しては価値をおかないで，一価的で，社会の対処の仕方も消極的で，悲観的なイメージが強調されているきらいがある。これはなんとかしなければならない問題であろう。とくに高齢化社会を迎えて，老いの時期が 20 年 30 年と見られる今日においては，なおさらのことと思われる。そこで筆者が模索しているものを山中（1991）の『老いのソウロロギー』を模した心理臨床のケースによって次節で見てみよう。

2．ケースに見る「老」と「若」の関係性

[1] 年をとることへの不安をもつ女性

　ここに登場する方はセラピー・グループの参加者で，30 歳半ばの女性である（倉戸，1979）。彼女は，このまま 40 歳，50 歳，そして 60 歳代へとやたらに年ばかりとっていくのが不安だという。何となく焦っているし，恐怖感もあるというのである。そこでセラピスト（筆者）は，〈何か年をとるということで具体的に思い当たること，心配な点，怖い点がありますか〉と，セラピーを開始した。すると，参加者は以下のように話した。

　「あまりにもゆっくりすぎる感じがする。何も学ばないで，このままいっていたら，年がいくと何にもなくなる。今は若さがあるけれど，年がいくと若さもなくなって他人から魅力を感じられなくなる。私の場合ね，周囲のいろんな可能性がなくなってしまう。（セ：〈たとえば，どんな可能性ですか〉）いろんな人と知り合ったりね，絵を描いたりね……私の周囲にだれもいなくなってしまうようなね……だれも私のことを見なくなる。見ても迷惑そうにね。ネガテ

ィブな感じで見られるのが怖い……一緒に散歩するにしたって，私といたって
つまらないと思われたら，私は人と散歩することもできなくなってしまうみた
い」。

　このようにセラピストの勧めに応じた参加者に，さらに〈あなたが年をとっ
ておばあさんになっていく……どんなおばあさんになっていくかしら〉と介入。

　参加者は「まず，顔にしわができる。それから，髪が薄くなる。それからも
っと痩せていくと思います。時々腰が痛む。腰が痛くなって寝込むことがある
と思います。その時にだれも私の痛みを分かってくれないということで愚痴を
こぼすことになると思います。老眼になって，新聞を読むのが不自由になり，
ただ絵本の絵を見ているだけになるかもしれません」。セラピストは〈もっと
ありますか。そういう嫌な面，不安なこと，怖いこと，どんどんあげてくださ
い〉「だれも私に電話をかけてこないです。時々，子どもが私に同情して，と
ってつけたような訪問の仕方をすると思います……略……食べ物が自由に食べ
られなくなる。自分で食べたいものが，ちゃんと料理できないし，だれも料理
してくれない……略……社会から見放されてしまう。そういうことが怖いです
……」と参加者。

　このように，参加者は老いることに対する不安・焦り・恐怖をセラピーの中
で思いつく限り一つひとつ具体的に言語化していった。

　〈それじゃ，今度は，年をとっていくことが，かえって若い時よりもいいと，
プラスだと感じられるもの，何か考えられませんか〉と，老いていくことに対
する違った見方ができないか，参加者に勧めている。参加者の反応は以下の通
り。

　「自分の時間がたくさんもてるようになる。他人のためでなくて，自分のた
めに自分の時間が使える。今は多くのものをもたないと満足できないけれど，
少しのものでも，とても気持ちが豊かになっていく。自分のやりたいことをだ
れの評価も気にしないでやれるような気がする……一人でいられるっていうか，
海を見たけりゃ，海をじっと見ていられる。焦りもなく，ずっとそこにいられ
るような気がします。それから，私に対して人が妬むとか，ライバル意識だと
か，そういったものをもつことがなくなる。私が電車に乗ろうと，何をしよう
とだれも気づかないでとっても楽。……略……きっと子どもが成長していて，

その姿を見るのをすてきだと思います。それから主人が家にいても，自分の部屋にいることが多いけれど，私と一緒にいることが多くなる。それから，今は拘束されていて，いろんな人との付き合いを制限されているけれども，年がいけば気楽にね，お付き合いできる（笑い）。……年がいくのも楽しいですね。一つ，あの気づいたことはね，ふっと 20 歳の時のことを思い出して，自分がやはり年をとりたくないって思ったことがあるんですね。とても私が中年になるなんて信じられなかったんですね。そんなことがあったなあと，今，笑いの中に思い出したんです。その時と同じように今，50 や 60 になりたくないと思っているけど，なってみたら別になんともないかもしれない。むしろ楽しいこともあるなあと，そんなことに気づくと，今，こんなことに苦しんだり，一生懸命考えていることが滑稽に思えてきた……略……落ち着いてきました」。

　上記は，老いていくことの一面のみを想像して，不安で，焦り，時には，恐怖感をもっていた参加者が，それらの具体的なイメージをもったり，言語化したり，またイメージの中で体験したりあるいは投射であることに気づいたり，老いていくことに対する新たな見方や気づきをもつことにより，落ち着きを取り戻した過程である。それは，参加者の視点からいえば，「他人から魅力を感じられなくなる」「顔にしわができる」「老眼になり不自由」「だれも私の痛みを分かってくれなくなる」など，身体的外見的な魅力から，「他人のためではなくて自分のための時間が使える。少しのものでも気持ちが豊かになっていく。拘束されない。一人でいられる」など，精神的あるは内面的魅力への価値転換の過程ということができよう。

　これは女性のケースで，女ゆえと思われる老いに対する悩みや不安も見受けられる。しかし，男女を問わず一人の人間としてのものもあるといえよう。

［2］ 少年になって自由になった老人

　これは高血圧になって悩む 70 歳の男性のイメージ・セラピーの記録である（倉戸，1981）。彼は日頃最高血圧値が 160 前後で高く，医師からも家族からも制限を加えられていて窮屈でしかたがないという。

　そこで，〈その制限されている感じをイメージにたとえるとしたら〉とセラピストが介入する。すると，彼は「オリの中に入れられている子犬」だという。

〈まわりをよく見て観察してください〉と返すと，「まわりは鉄格子でできていて，がんじがらめに囲まれている」という答え。〈その中にいるというのはどんな感じですか〉とセラピスト。「窮屈です」と彼。〈鉄格子というのは〉とたずねると「一本の鉄格子は病院へ行くと，いつも，ちゃんと降圧剤を飲んでいますかと確認してくる医者。もう一本は，商売を継いでくれた息子。おじいちゃんは血圧が高いから鹹いものは駄目だと，塩ぬき，醤油抜きの薄味の制限された食事しか作ってくれない。味もそっけない，おいしくもない。みんな病人扱いしてくる。これでは，まるで牢獄にいるみたいだ」。セラピストは〈もし可能であれば，どうなさりたいですか〉とさらに介入。「オリから出て外を飛び回りたいです……」〈オリから出られそうですか〉「はい……〈身体をねじり鉄格子をねじ曲げる〉……出られました。そこは原っぱです。たんぽぽや草花が一面咲いていて美しいです。子犬の私は飛び回って，そこいらじゅう思い切り走り回っています……空は青く，お天気で……すっとしました。自由です……略……」と，彼はイメージを膨らませながら明るい表情を見せる。そんな彼に，その場に居合わせたグループ・メンバーが拍手を送る。

　セラピストは，イメージ・セラピーを通じて，〈なにかお気づきになったものがありますか〉と堀り下げる。「イメージはぴったりで，象徴的でした。血圧が高いからとまわりからうるさくいわれるのが嫌だったんですね。気づかっていってくれるのは分かるのですが……それに私も消極的になりすぎていました。自分自身では，どこかで，まだまだへこたれるもんか，という思いがあるのですが，委縮してしまっていました……略……今やってみて，少年のころを思い出しました。私は田舎で育ったので，それこそ原っぱで近所の子どもと一緒に，夕方おそくまで，走り回って遊んでいました……あれから，もうずいぶん長い間，遊んでないなあ……熱いものが込み上げてきました……略……気づいたものといえば，無茶はできないけれども，だからといって極端に消極的にならなくてもいいのではないかということです。病人や年寄り扱いされて，なにもかも取り上げられるのは嫌だし，また私は血圧以外はまだまだ元気なので，好きなことでやれることをしたい気持ちになりました……もう一度，原っぱで遊んでみたくなりました……略……」。

　このセラピーは，実は一回きりのワークショップであったので，彼のセラピ

ーを継続することはできなかった。しかし，3ヵ月後に想い出の会があり，再開した時には，医師からも驚かれているくらい血圧が下がっているとのことであった。また，できる範囲の仕事を息子からまわしてもらい，今では仕事と趣味とに毎日を充実して過ごしていると，笑顔を見せてくれた。恥じらいと無邪気さのある，少年の笑顔がそこにあった。

　これは，関わった筆者の記憶に残るイメージ・セラピーの一つである。短い，一回きりのセラピーであったが，「オリの中に入れられた子犬」のイメージがなんとも象徴的であった。そして子犬というイメージに，70歳の老人ではあるけれども，どこか可愛らしい，少年のイメージを重ねることができて，救われる思いがした。イメージの中では，「窮屈」な状態から「自由」な状態への変容が見られている。これも劇的で，かつ多くの気づきをもたらしている。しかし，この変容が見られるに至ったのは，この参加者の中に，原っぱで自由に走り回っていた少年時代の原体験とでもいうべき経験があったからではないかと思われる。そして，その経験をセラピーの中で再現する力をもっていたといえようが，その再現の場に立ち会った筆者は，この老いた参加者の中にきらっと光る少年のこころを見る思いがして，興奮を覚えた。

[3] 夜，怖くて眠れない老人

　これは81歳になる男性とのワークショップでのケースである。「セマンティックス・ゲーム」といわれる体験学習をグループでしていた時のことである。それは言語的表現のいい換えにより気づきを惹起するというもので，具体的には，「私は～できません」と～のところに自分の問題を挿入して，そして主語（主体）の「私」と「できません」を強調していってみるものである。そうすると，当該の参加者は「私は夜，眠ることができません」と言語化した。セラピストはそれを数回いってもらい，つぎに，高齢なので少々きついかと思ったが，以下のように言い換えて「私」は「～する意志がありません」といってみることを誘った。具体的には「私は夜，眠る意志がありません」という具合にである。すると参加者は，つぎのように自らを語り出した。

　夜，怖くて眠れない。意志がないのではなく，眠ることができないのです。昼間は気がまぎれているが，夜になり床につくころになるとだめになる。いま

は奥さんと不自由なく過ごしているが，二人いる子どもたちからも社会からも忘れられたような存在で，限りなく寂しいこと。身体がだんだんいうことをきかなくなり，それが年々ひどくなる。それはまさに老いそのもので，嫌だがどうしようもない。この先が思いやられる。なんの楽しみもなく，あとはこのまま最後まで病気や怪我をしなければよいと思っている。医師よりマイルドな睡眠薬をもらってなんとか眠るが，はじめはよかったがだんだん効かなくなる。そこでウィスキーと一緒に飲む。そうすると眠れる。しかし，そうこうしていると毎夜，薬とウィスキーなしには眠れなくなってきた。なぜ眠れないか，寂しいこともあるが，言ってしまえば，死ぬのが怖いからだという。また，年なのに死ぬのが怖いというのは恥ずかしいともいう。

　〈そのあたりをもっと教えてください〉とセラピストが介入すると，「仲間もそうだし，この年になればだれもがそうだが，早く迎えにきてくれたらいいとか，老体をさらけ出して恥さらしだとか，という人がいるが，自分は違う。だから，この世に何か未練があるのかと思われている」という。そこでセラピストが焦点を合わせて，〈しかし，ご自身では死ぬのが怖いのですね〉と関わると，「怖いです……」との返事。〈『怖い』と何回かいってみませんか〉と，セラピスト。「……怖い，怖い，怖い……」と参加者は時に大きな声で，時には聞き取り難いほどの小さな声で，怖い気持ちを何回となく言語化していく。しばらくセラピストもそこに居合わせた者も一緒になって参加者の叫びを傾聴しようとする。セラピストが〈十分おっしゃれましたか〉とたずねると，うなずく。そこでさらに〈いかがですか，怖いとおっしゃってみて〉と関わる。そうすると「すこし気持ちは楽になった。しかし，自分は本当に死ぬのが怖いんだな，怖がっている自分を感じました」と参加者は心の内を明らかにしてくれる。〈その怖がっている自分に，何か話しかけることができるとしたら〉と，エンプティ・チェアの技法でさらに関わる。「……怖いのは怖いと分かるけど，そんなに怖がらなくてもいいよ……」と受容的になる。そして参加者は，「子どもみたいと思われるかもしれませんが，死によって，すべて消えてしまう……自分という存在がなくなるのは怖いです。今，ふと思い出したのですが，私の少年時代はそんなことばかり考えていました。死んだらどうなるか，霊魂はあるのかとか……略……祖母が亡くなった時，ひどく悲しかった。小学校6年の

時だったと思うが，灰になった祖母を見て，たまらなく怖かった。両親も，や
がて祖母のように死んでいくのか。自分はどうなるのか，真剣に悩んだ。何も
かも分からなく，ただ怖いだけで，しばしノイローゼのような状態だった……
略……立ち直るのができたのは，草木や動物など自然界のすべてが死んでいく，
だれもそれから逃れることはできない……そう思えるようになって，落ち着け
たんです……今，その時のことを想い出してしゃべっていると，落ち着いてき
ました……怖がらなくでもいいよ。……略……」。

　落ち着きを取り戻した参加者は，両親を見送った時の経験や，親戚，友人の
葬儀に立ち合った時のことを思い出しながら，表面的には落ち着いていたもの
の，内心では無性に寂しく，そのつど人はなぜ死ななければならないか疑問に
思ったこと，しかし，わけが分からなくなるので，深く考えることを避けてき
たことなどを語った。そして，「避けてきたという意味では直面する意志がな
かったといえるかもしれない……略……今が直面する時かもしれない……」と
付け加えた。

　うなずきながらセラピストは，一通り話した参加者に，いままでの人生で楽
しかったりうまくいったこと，苦境を乗り越えたり，やり遂げたことなどを語
るよう要請してみた。すると，お婆ちゃん子であったが，良く勉強ができ，勉
強で苦労したことなく，いつも鼻高々であったこと。したがって自信にもなっ
たこと。身体が小さかったから徴兵にもとられず，研究を続け，定年までにい
くつかの大学に勤め，要職にもついたこと，専門の研究領域では，それなりに
業績を挙げていること。その業績の一端に触れると目を輝かせて得意げに話だ
し，なかなか終わらなかったが，そこにセラピストはこの参加者の一側面を見
る思いがした。〈○○さんって，すごいんですね〉と応答すると，「いやっ」と
照れながらも，笑顔を見せた。そして，「今晩はウィスキーなしに眠れそうで
す。すでにいい気分に酔っていますので」と明るく微笑んだ。居合わせた他の
参加者一同爆笑しながら，口々に賞賛をおくり，そして高齢なのに参加し，眠
れないことを赤裸々に自己開示したことに心を打たれたと応えた。

　これは体験学習に触発されたものであるが，夜，眠れない老人の心の内を垣
間見ることのできたケースである。老いはだれにでも訪れる。そして死もまた
不可避である。死を怖くないと思える人は幸いであるが，怖いと思う人もあろ

う。筆者も怖い方である。対峙しながら，この参加者に近い将来に訪れる自分の姿を見る思いがした。そしてはたして筆者の場合，この参加者のように落ち着きをもちえることができるであろうか，と考えた。

　今，この草稿を書きとどめながら，ふと，この参加者はその後どうしているであろうか，と思いを馳せた。あれから随分の年月が経過している。あの時，少年時代を想い出して落ち着きを取り戻し，「今が直面する時かもしれない」と，言語化したときの雄々しさ。それは死に対して怖いながらも探究心溢れる勇気をもっていた少年の心の再来の感があった。そして，「怖がらなくてもいいよ」と自分に語りかけた参加者のなんと優しさに満ちていたことか。とにかく，多くのことを学んだ感じのするケースであった。

3. 「老」と「若」のコペルニクス的転回

　「年をとることへの不安」のケースに見たように，老いへの不安はまだ経験していない将来を想像する時に惹起される。まさに心理的なものといえようが，期待不安と呼ばれ，二次的に発生する不安である場合が多い。このケースでいえば，実際に老いた時に経験する不安というより，むしろ，老いたらこんなことが起こるであろうから，その時はどうしようかという具合に，まだ現実には経験していない事柄について想像したり心配するあまり不安になっている。

　一方，不安を感じている時は，物事のある一面のみを見て全体を見通せず，行き詰まりを経験する場合がある。このケースにおいていえば，参加者は老いていくことの一面というか，不安な面のみを見ている。それをセラピーの中で言語化しながら老いの意識していなかった別の面を見ることにより，新たな気づきを得ている。また老いていくことのなかに意味や楽しさのあることの洞察をしている。換言すれば，身体的・外見的魅力から内面的魅力への価値の転換を果たして，不安を解消しているということができる。

　「少年になって自由になった老人」の場合は，老いと高血圧のためにまわりから年寄りで病人扱いされ，「窮屈」を感じていたケースである。イメージの中に「とらわれている」自己像を見て，たまらなくなり，脱出をはかるという展開をみたが，それは意識下に押しやっていた少年時代の自由さを，象徴の世

界において意識化したり体験しながら，再び取り戻す過程でもあった。

　このケースから老いとは身体的衰えによるものだけでなく，少年のこころを放棄するところからももたらされることを思い知らされる。この，老いにあっても少年のこころを再び取り戻す過程，すなわち循環の過程こそが，人の一生のサイクルの力強さ，深遠な意味を物語るものであろう。フランクル（1955）は，「精神医学的に見ると，問題は年をとっているとか，また年がいくつかだとかいうことではなく，むしろ，その人の時間と意識が専念する何らかの対象で充実しているかどうか，また生きがいのある人生を生きているか，要するに年をとってもまだ内面的に充たされていると感じることができるかが問題」と述べているが，まさにこの例が如実に示しているといえよう。

　「夜，怖くて眠れない老人」のケースは，「私は夜，眠る意志がありません」という体験学習において，「意志がない」のではなくて「できないのです」と主張するところから展開されたものである。死に対する恐怖が，実に赤裸々に語られており，居合わせたものはもちろんのこと，だれもがその素朴さに感動させられるものであろう。死は怖くないと，いくら強がって見せても，しょせん未熟な筆者などは，いざとなるとだめで，考えるだけで恐れおののくばかりであるが，ここに登場する参加者と関わっているうちに勇気づけられる思いがした。とくに，自然界の中の死に触れるなかで神経症的恐怖感からは解放された筆者は，参加者の同様の経験に，ことのほか共感を覚えた。また。怖いものを避けるのではなく，しっかり直面したり，意識化することに気づいた参加者に拍手を送りたいと思った。

　これら三例のケースに見るごとく，意識下に押しやっていた老いの側面を意識化したり，新しい側面や価値への転換がはかられているが，これこそがコペルニクス的転回と呼ぶにふさわし見方の転換であり，老いの中にある若という両面的側面に気づくことを可能とするところの転回，すなわち老と若のつながりを示唆する転回ということができよう。そしてこの老と若のつながりの延長線上に，単に到達すれば終わりという直線的ではないつながり，すなわち身体的には老いても，なお沸々と蘇り，かえって若い時の若さよりもはるかに優るこころの中の若さに至る循環を招来することができよう。それは，「内なる自然」（Lorenz, 1965）の発見，あるいは自然への回帰，宇宙へのいざないを意

味し，個人的意識のいとなみを超えたところの，しかし一人ひとりの心の中に
小宇宙の形成を暗示するコスモロジーへと迫るものとなろう（氏原，1990）。
それらがもし可能だとするならば，それは人生の最終過程にあって若さや，男
性にあっては少年のこころを内包した老年期をおいては他にないであろうと思
われる。

文　献

Erikson, E. H. (1959). *Childhood and society*. New York, NY: Norton.（エリクソン，E.
　　H. 仁科 弥生（訳）(1977). 幼児期と社会　みすず書房）

Erikson, E. H., Erikson, J. H., & Kivnick, H. Q. (1986). *Vital involvement in old age*. New
　　York, NY: Norton.（エリクソン，E. H.・エリクソン，J. H.・キヴニック，H. Q.
　　朝永 正徳・朝永 梨枝子（訳）(1990). 老年期――生き生きしたかかわりあい――
　　みすず書房）

Frankl, V. E. (1955). *Pathologie des Zeitgaistes: Rundfunkvorträge über Seelenheilkunde*.
　　Wien: Franz Deuticke.（フランクル，V. E. 宮本 忠雄（訳）(1961). 時代精神の
　　病理　みすず書房）

河合 隼雄 (1989). 生と死の接点　岩波書店

倉戸 ヨシヤ (1979). 心理療法におけるイメージの機能について　甲南大学紀要　文学
　　編, *35*, 14-35.

倉戸 ヨシヤ (1981). Therapeutic Intervention としての "今-ここ" での気づきの惹
　　起　関西心理学会第 93 回大会〈甲南女子大学〉発表論文, 65.

Levinson, D. J. (1978). *The seasons of a man's life*. New York, NY: Knopf.（レビンソン，
　　D. J. 南 博（訳）(1980). 人生の四季――中年をいかに生きるか――　講談社）

Lorenz, K. (1965). *Über tierisches und menschliches Verhalten: Aus dem Werdegang der
　　Verhaltenslehre: gesammelte Abhandlungen*. München: Piper.（ローレンツ，K.
　　丘 直通・日高 敏隆（訳）(1977). 動物行動学　上・下　思索社）

氏原 寛 (1990). 心の一生　ミネルヴァ書房

山中 康裕 (1991). 老いのソウロロギー（魂学）　有斐閣

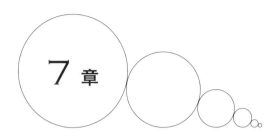

老いにみる男らしさ

はじめに

　老いにおける男らしさというときの"男らしさ"とは何をさすのであろうか。それはジェンダー・ロールからみた"男らしさ"でもあるし，またジェンダー・ロールと大きく絡んではいるが，個人差，あるいは文化差からも規定されうるものであろう。そして時代や社会の観点からも見ることもできよう。

　まずジェンダー・ロールから見た老いにみる男らしさには，たとえば，ある研究会で筆者がインタヴューしたものであるが，"頼れる""愉快な""ジェントルマン"などが挙げられている。知恵や経験を積み重ねている頼れる存在として，したがって広いこころの持ち主で楽しく，かつ礼儀をわきまえた紳士とみなされているようである。個人差によるものでいえば，さしずめ，年季の入った料理人の"自分のこだわりを譲らない""妥協しない頑固さ"が"男らしさ"と言えるかもしれない。徹底した味の追求あるいは食への造詣が，未熟な若者にはない資質や力量として"男らしさ"として映るからである。あるいはベテランの棟梁による大工仕事に見る"職人気質"などもそうであろう。手抜きをせず，まるで芸術作品を創るような，凝った仕事ぶりが，そして"気っぷ"の良さが，"男らしさ"として見て取れる。

　"力仕事"などは，年を取っていても文化によっては，"男らしさ"の象徴と

して肯定されうるものであろう。若者が力仕事をしたとしても，当然であるという感覚が強いが，老いたものが力仕事をしていると，いかにも“男らしい”と映るのである。

　これらの“男らしさ”は，時代によっても変化する。たとえば，戦時中の男の子が憧れた，“7つボタンの海軍の白いセーラー服”の上に金モールの装飾や勲章を付けた上級海軍軍人は“男らしさ”の代表であり，江戸時代は元禄の赤穂浪士の“大石内蔵助”はその時代の“男らしさ”のモデルであったのかもしれない。そこでは“忠誠”や“義”を重んじる“生き様”をいったのであろうが，まさに時代あるいは社会の影響が色濃かったと言える。

　さらに本稿で意図する“男らしさ”について理解を深めていくと，まずは，「人は女に生まれるのではなく女になり，男に生まれるのではなく男になる」（ボーヴォワール，1986）とある。これは，家庭をはじめとする環境の中でジェンダー・ロールを身につけていくことを意味している。しかし人間だれしも，成長過程にあっては，そうしなければサバイバルできないからである。

　つぎに，このサバイバルの観点から老いを見た場合はどうであろうか。筆者は，かつてジェンダー・ロールから見た“男らしさ”は，男性の軟弱化の上に老化が加味されて，現代においては“男らしさ”は薄らいできている実体があると報告したことがある（倉戸，1999）。そのことを改めて検証するために，ここでは以下の“体験学習”の例により考えてみよう。

体験学習に見る“老人”のイメージ

　ここで取り上げる“体験学習”とは，『若い女と水夫』（柳原，1976）というものであるが，まず場面設定のための「物語」があり，それについて参加者が話し合うというものである。この体験学習は，どちらかといえば，これから社会を担っていく若者をターゲットに考案されていると思われるが，“老人”も登場し，若者に“老人”がどのように映っているかの検証にもなる。

　　「物語」は，乗客を乗せた船が嵐に遭い沈没するところから始まる。遭難した乗客は2隻の救命ボートに乗り込むのであるが，1隻には若い女，水夫，

老人が，もう１隻には若い女のフィアンセと友人が乗り込む。すなわち，若い女とそのフィアンセは別々の救命ボートに乗り込むという設定である。２隻は最初，同じ方角に向けて避難するのであるが，悪天候のもと途中でバラバラになり，若い女を乗せたボートはある無人島に流れ着くが，フィアンセを乗せたボートは行方不明になる。若い女はフィアンセが生存している手がかりを何とかしてつかもうと一日中救命ボートを探すが，手がかりはなかった。翌日天候は回復し，海のかなた遠くに一つの島かげを発見する。彼女は矢も盾もたまらず，フィアンセを探したい一心で，水夫に，救命ボートを修復して，あの島に連れて行ってと頼む。水夫は彼女の願いに応じてもよいが，条件を出す。それは，彼女と一夜を共にする，というものであった。

　失望し，困り果てた若い女は，老人に，困っていることと，どうすればよいか，何かよい方法を教えてと相談をする。老人は，『あなたにとって何が正しいか，あるいは何が間違っているか，私は言うことができません。あなたの心に聴いて，それに従いなさい』と言うのみであった。彼女は悩み苦しんだあげく，結局，水夫の言う通りにする。

　翌朝，水夫はボートを修理して，彼女をその島に連れて行く。フィアンセの姿を遠くから見つけた彼女は，浜辺に着くや遅しと，ボートから飛び出し，駆け上がり，そこにいるフィアンセの腕の中に抱かれた。フィアンセの暖かい腕の中で，彼女は昨夜のことを話そうか迷ったが，結局，思い切って打ち明けた。それを聞いたフィアンセは怒り狂い，彼女に，「もう二度と顔を見たくない！」と叫びながら走り去った。泣きながら彼女はひとり浜辺に下りていく。

　彼女を見たフィアンセの友人は，彼女のところに行き，肩に手をかけて，「君たち二人が喧嘩したことは僕にもよくわかる。フィアンセに話しをしてあげよう。それまでのしばらくの間，私があなたを世話してあげよう」と，話した（前掲書　p.217 より）。

　この体験学習はヒューマニスティック・エデュケーションやオーガニゼーショナル・デヴェロップメントの立場から考案されたもので，その基本的な目的は物語を通して自らの価値観の確立を図ることと感性の醸成を図ることである。もちろん，自らの考えや意見，そして価値観を，他者のものをふまえながら，言語化することももくろまれている。具体的な方法論としては，５人の登場人

物のなかで「誰が好ましくない人物か」を一番好ましくない人物から順番に価
値づけし，それをグループで発表し話し合うというものである。

　さて，学生たちとの話し合いであるが，1991年と2006年の結果があるので，
以下に紹介しよう。

　記録を見ると，1991年では「一番好ましくない人物」として水夫が選ばれ
ていた。その主な理由は，「窮地に陥っている人を自分の欲望のために利用し

表7-1　人物の価値づけの比較

登場人物 (好ましく ない順番)	人数 (n=22)	1991年での理由	登場人物 (好ましく ない順番)	人数 (n=21)	2006年での理由
1) 水夫	12人 (54.5%)	窮地に陥っている人を自分の欲望のために利用した。人道的に許せない。	1) 若い女	11人 (52.3%)	いくらフィアンセのためとはいえ，自分の大切なものを犠牲にしなくてもよい。見通しが甘いく，衝動的である。
2) フィアンセ	7人 (31.2%)	自分のために体を張って助けようとしたのに許そうとしないのは愛情がない。	2) 水夫	6人 (28.6%)	窮地に陥っている人を自分の欲望のために利用した。
3) 友人	2人 (9%)	友人としてフィアンセに説得すべきところを，漁夫の利を利用したのは汚い。	3) フィアンセ	2人 (9.5%)	体を張ったのは自分を助けるためだという認識がなく潔癖すぎる。許してあげらたらよい。
4) 若い女	1人 (4.5%)	気持ちは分かるが，そこまでしなくてもよいのでは。	4) 友人	2人 (9.5%)	友人としてフィアンセと若い女の仲を取り持つべきだ。
5) 老人	0人 (0%)	とくに悪くない。年を取っているので弱気。	5) 老人	0人 (0%)	とくに悪くない。老いているので無難さを選んでいる。

ている」あるいは「人道的に許せない」であった。ところが，2006年では若い女が「一番好ましくない人物」として挙げられている。その理由は「いくらフィアンセのためとはいえ，自分の大切なものを犠牲にするのはよくない」「見通しが甘い」「衝動的である」などであった。この違いは，15年という時代差や社会の変遷が個人的なものの見方や考え方に影響を及ぼしていることがうかがえるが，それは自分の欲求は自分で充足することが要請されている私事化の時代という現代を反映していると思われる。

　ところで本稿で問題にしている老人に対する見方はどうであろうか。体験学習に参加した学生たちのものの見方・考え方からは，老人は15年という年月を経ても変わっていない。すなわち，どちらも老人に対しては"弱気で能力なし"したがって，"善くもなければ悪くもない""無難さを選んでいる"という評価が下されている。

　この結果をどう理解したらよいのであろうか。まず，この結果は学生のものであることを踏まえなければならない。まだ"老い"を経験していないので，当然分からなく，イメージしにくいのかもしれない。しかし，70歳になった筆者は何ゆえにか，気にかかった。

　そこでエリクソンを想い出した。「老人の役割であった語り部，歴史家，相談役，あらそいの仲裁者としてのアイデンティティがほとんど消え去ってしまった。それが人間としての尊厳を脅かしている」（エリクソン，1990）と。そして，この問題は「若者に委ねられている」（前掲書）としている。すなわち，若者が老人をどう考えていくか，それは社会システムの問題であることを提起しているのを思い出した。

　筆者はエリクソンに同感である。体験学習で見たように日本においてもエリクソンのいう老人の役割が減少し，また老人をコミュニティの一員として取り込む社会システムも不備なままである。しかし，当事者である老人の立場から，とくに"老いにおける男らしさ"の観点から考えてみるとどうなるであろうか。

　老人は酸いも甘いも経験は豊富であるし，物事がどうなっていくかの見通しも立つ。しかも知恵もあるはずである。ところが，学生たちに映った老人は，無難な，極言すれば，逃げているとさえ思えるようなイメージで捉えられている。もしこれが一般化できるのなら，老いてきた筆者にとっては危惧されると

同時に，無念である。一口に言えば，知恵や経験を伝達しない無責任さが感じられて仕方がない。大げさに言えば，道徳や倫理を含めた文化が継承されなく，廃れていく思いがするのである。老人は，もっと勇敢に，物事の善悪を，次の社会を担うものに伝えなければならない。もし伝えるとなると，現代においては，"お返し"が返ってくるかもしれない。しかし，そのことを恐れるのではなく，リスクを負ってでも，培ってきた知恵を伝達する気概を持ちたいものである。自ら社会参加する勇気を持ちたいものである。筆者は気概や勇気のなかに，一つは"男らしさ"を見る思いがして仕方がないのであるが，どうであろうか。

老いにおける "男らしさ"

老いは，自らと対峙させられる時期といえる。たとえば，いかに真の自己で生きてきたか，自分の人生は意味があったか，今，充実しているか，など。そこにおいては，身体的衰えのためにか，もはやジェンダー・ロールにおける"男らしさ"の関心が薄れ，また実際にも男女の差はさほどでもなくなる。このことは"男らしく"ないことを意味しない。"男らしく"のなかに，ジェンダー・ロールとしてではなく，自ら求める"らしさ"が志向されているのである。しかもそれは，いままで見てきたように，統合されたもので，ユングの言う両性具有性（ユング，1976）を備えた"らしさ"なのかもしれない。あるいはエリクソン流（エリクソン，1950）に言えば，自我の統合と言えるかもしれない。その人らしく生きるとき，そのとき，それがたまたま男であれば"男らしい"ということにならないであろうか。それが却って，"男らしく"輝いて見えるのではないだろうか。それが老いにみる"男らしさ"ということができないか。

ここで，さらに論を進めるために，ヘミングウェイの『老人と海』の主人公を取り上げてみたい。

「四肢はやせこけ，うなじには深い皺が刻みこまれている。熱帯の海が反射する太陽の熱で，老人の頬には皮膚癌をおもわせる褐色のしみができ，両

手にはところどころ深い傷痕が見える。いずれも新しい傷ではなく，古く乾からびていた」という書き出しではじまる主人公の老人は，唯一のこころを通わす「サンチャゴ」少年と漁に出るが，大物は釣れない。そこで，一人，遠出して大物を狙う。何回かの空振りの後，大物が餌に食いつく。そこから老人と魚との死闘がくりひろげられるのである。「巨大な魚は太陽が三度昇っても，まだもとに引き寄せることができない」。飲まず食わずの闘いなので疲労困憊するのだが，老人は「残っている力をふりしぼりだし，遠く去った昔の誇りを喚びさまそうとする。そしてそれを魚の死の苦しみに向かって投げつける。（魚の）胴体はあくまで長く，厚く，広い。銀色に輝き，紫色の縞をめぐらし……老人は綱を放し，片足でそれをおさえたかとおもうと，銛を思いきり振りあげ，全身の力をこめて，しかもそれまで身うちに残していた力以上をこめて，それをぐさりと魚の横腹に突き刺した」（ヘミングウェイ，1997）のである。

　筆者はこのときの老人の顔を容易に思い浮かべることができる。深い皺の刻み込まれた，褐色のしみがある顔であるが，さぞ輝いていたことであろう。遠く過ぎ去った誇りの甦った顔である。しかしそれは昔の若いときの顔とは比較にならない，もっと輝きの増した，威厳のある顔をしていることであろう。若いときから培ってきた漁師の経験と知恵の結晶として開花した顔，老人にしか見せることのできない顔，とでもいったらよいのであろうか。そのような顔に筆者は“男らしさ”を見て取るのであるが，いかがなものであろうか。
　物語は，衆知のごとく，せっかく釣り上げた巨大な魚は帰路サメに襲われ，ほとんど形がないくらいに食い荒らされ，帰港したときには死闘の経験のみが残るという結末で終わる。なんとも侘びしい限りであるが，しかし，老人の内面には死闘の末，釣り上げた誇りでいっぱいの老人の顔は，さぞ“男らしい”顔であったことと思われてならない。
　筆者は，あるとき四国の海に囲まれた大学に赴任したことがある。そこでは余暇には海にも出したし，何人かの漁師たちとも親しくなった経験がある。素朴で，ストレートに話をしてくるので気持ちがよかったという想い出がある。ヘミングウェイに出てくる老人よろしく，日焼けして輝いた顔をしている漁師もいれば，筆者が忙しくしていて漁に同行できるときが少ないと漏らしたときな

ど，静かな，しかし，しっかりとした声で，「自分で自分を忙しくいるのと違うか」と，単刀直入に問うてくれた年老いた漁師もいた。

「参った！」と思いながら，あまりにも図星なので，かえって素直に認めざるをえなかった。筆者はその漁師の真面目な顔に，あるいは気迫に，“男らしさ”を感じていた。なぜなら，その老いた漁師の，いままでの人生での経験の全存在をかけての，しかも，筆者を思ってのストレートな問いであったと推測できたからである。

このように見てくると，“男らしさ”とは，若さや力まかせの，あるいは“メイル・ショウヴィニスト（male chauvinist; 男性優位主義あるいは男であることを誇示する輩）”またジェンダー・ロールをことさらに振りかざすたぐいのものではないことが分かろう。

それでは，このような“男らしさ”の持ち主には，誰でも，いつでもなれるのであろうか。阪神淡路大震災のときに，父親が，たとえば，重い瓦礫や家具などを片付けて評判になったことがあった。父親を見直したという子どもたちの談話があり，微笑ましい行為であるが，そうしたのは背後に愛する家族がいたからではなかったのか。愛する存在が，父親をして，子どもたちが驚嘆するくらいの力を発揮させたのではなかったか。このように考えてくると，老いたものの“男らしさ”は，その老いたものの人生，すなわち喜びや悲しみ，生活を共有してきた家族との繋がりの歴史，を含めてのものということになろう。換言すれば，いままでどのように歩んできたか，またこれからどのように歩んで行くのかエゴ・アイデンティティ（エリクソン，1950）が確立されていることが必須であろう。

この“男らしさ”は男だけのものではないように思う。それというのも，女においても，“男らしさ”を感じるときがあるからである。同じ阪神淡路大震災のときに，ある年配の女性経営者は自ら運転するトラックに布団や毛布を山積みして被災地を支援したというニュースが流れたことがあった。これなど，被災した一人である筆者は，ジェンダー・フリーで，かつ“男らしい”行為だと，感動を覚えたことがある。

"老い"とは，そして再び"男らしさ"とは

　老いとは，ヘルマン・ヘッセによれば，「ほんとにいまいましいことだが，ゆっくりとほんのすこしずつ死んでゆく。一本一本の歯が，筋肉が，そして骨が，ひとつずつ"さよなら"を告げてゆく（p.42）」ことである。そして突如として，「自分が老いていることを感じ，青年の思想や，関心や，感情を無縁のものと感じる（p.22）」ことである。また，「人間は自分の夏が終わる年代に，衰弱と死に対して，侵入してくる宇宙の冷気に対して，自分の血の中に侵入してくる冷気に対して抵抗する（p.21）」ようになることを意味する。さらには，「微笑みながら不安に満ちて，このうえもなくはかないものにしがみつき，その死を見つめ，そこからくみとり，慰めを得る。そして死を迎える技術をおののきながら学ぶ（p.21）」のである。

　このヘッセの述懐は，まことにペシミスティックではある。ここでの老いは，作品年代から，ヘッセの75歳から76歳のころをさしていると思われ，高齢の域に達している老いであると思われる。しかし，いずれにしても，70歳になった筆者にも感じられる老いの実感なのである。それでは，この老いのさなかにおける"男らしさ"とは，どのようなことなのであろうか。ここで余談ではあるが，筆者には，いまの時点に立って考えても，まだまだ生への執着や老いることへの戸惑いがあるし，不明なところも多々ある。それに直視したくないという本音も顔をもたげてくる。その本音の延長線上でいえば，愚痴でしかないが，「我思う，ゆえに我在り」（R. Descartes）の"コギト・エルゴ・スム"と考えるから，直視したり考えたりしなければならなくなるとも思う。換言すれば，「我」は認識の主体である自我であり，意識の根源なのである。したがって，老いについても，必要以上に意識しすぎるきらいがある。老いについて意識をしないで済むとすると，なんと自然で，ありのままで，ただ没我の境地で，生を時空の流れに添って営むだけであろう。もしそうすることができれば，なんと幸いなことであろう。

　しかし，自我を持ってしまった人間は，意識し考えることから，なかなか超越できない。そこでの"男らしさ"とは，それでは何か。

　再びヘッセから引用すると，「若さを保つことや善をなすことはやさしい。すべての卑怯なことから遠ざかっていることも。だが心臓の鼓動が衰えてもなお微笑むこと，それは学ばれなくてはならない。それができる人は老いていない。(p.56)」とある。すなわち，衰えてもなお“微笑む”ことのできるとき，老いても老いていなく，そこには“男らしさ”が輝いているのである。しかしそれは至難の技で，だれにでもできることではない，としている。また，「死があそこに待っているのが見えるから，立ち止まったままでいるのはよそう，私たちは死に向かって歩いて行こう，私たちは死を追い払おう (p.56)」という詩があるが，その詩の境地が“男らしさ”を象徴してはいないか。すなわち，死を直視し，それに向かっていくという“雄々しい”姿があるからである。

　このヘッセは，「喜びと苦しみを味わい，愛と認識を体験し，友情と愛情をもち，書物を読み，音楽を聴き，旅行をし，その長い全生涯が，まるで，一つの風景，一本の木，ひとりの人間の顔，一輪の花の姿に神が示現し，一切の存在と事象の意味と価値が示されるような体験をするためには，やはり高齢であることが必要である (p.70)」と，そしてまた体験した暁には，すべての人には当てはまるとは限らないが，「人は成熟するにつれて若くなる (p.65)」ことができると自らを述懐している。

　これはヘッセという賢者のことばであるが，この書物に，甥のマルティーン・ヘッセが写した顔写真が幾枚も掲載されている。そのヘッセの写真は，河合隼雄が言う「老いてなお気品をもつ」(河合，1993) ところの佇まいであるが，“男らしさ”をも兼ね備えた佇まいとも言えよう。

文　献

Beauvoir, S. (1949). *Le Duexièm sexe*. Paris: Gallimard.（ボーヴォワール，S. 生島遼一（訳）(1959).　女の歴史と運命（第二の姓）新潮社）

Erikson, E. H. (1950). *Childhood and society*. New York, NY: W. W. Norton.（エリクソン，E. H.　仁科弥生（訳）(1977/1980).　幼児と社会1，2　みすず書房）

Erikson, E. H., Erikson, J. M., & Kivnick, H. Q. (1986). *Vital involvement in old age*. New York, NY: W. W. Norton.（エリクソン，E. H.・エリクソン，J. M.・キヴニック，H. Q.　朝長正徳・朝長梨枝子（訳）(1990).　老年期——生き生きしたかかわりあい——　みすず書房）

Hemingway, E. (1952). *The Old Man and the Sea*. New York, NY: Charles Scribner's

　　　Sons.（ヘミングウェイ，E.　福田　恆存（訳）（1953）．老人と海（p. 85）　チャー
　　　ルズ・E・タトル商会／新潮社

Hesse, H./Herausgegeben von Michels, V.（1990）. *Mit der Reife wird Man immer*
　　　jünger: Betrachtungen und Gedichte über das Alter. Frankfurt am Main,
　　　Deutscland: Suhrkamp Verlag.（ヘッセ，H.（著）　ミヒェルス，V.（編）岡田　朝
　　　雄（訳）（1995）．人は成熟するにつれて若くなる　草思社）

Jung, E. *Ein Beitrag zum Problem des Animus/Die Anima als Naturwesen*（1955）.（ユ
　　　ング，E.　笠原　嘉・吉本　千鶴子（訳）（1976）．内なる異性　海鳴社）

河合　隼雄（1993）．老いのみち　読売新聞社

倉戸　ヨシヤ（1999）．老いに見る「女らしさ・男らしさ」教育と医学，1 月号, 72-78.

柳原　光（監修）（1976）．人間のための組織開発シリーズ 1　（p. 217）　行動科学実践研
　　　究会

Zilboorg, G.（1941）. *A history of medical psychology*. New York, NY: Norton

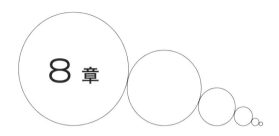

教師から見た教育の可能性

プロローグ

　はじめに，ある校長の述懐を紹介したい。それは40年の教師生活を振り返ってのものであったが，「なに一つ思うようにはできなかった。敗北です。40年間がんばったつもりですが……教師という職業にあこがれ教職についたが，新任のときの理想は砕け，情熱は冷めて，いまはくたくたです。そしてずたずたです……」というものであった。これは私が担当する教職科目である「教育心理学」の授業に来て話してくれた現職の校長の開口一番に発せられたものである。

　静かな声で，しかし，腹から絞り出てくるような発声で語られるその響きに，私をはじめ，400名を越える学生たちのいる大教室はシーンと静まり返ったのである。この述懐をどう受け止めたらよいのであろうか。理想が高すぎたための挫折と理解するか，力量不足ゆえの敗北として捉えるのか，それとも教育の現状はそれほどまでに厳しいのだと現状認識すべきであるのか。これは30数年前の出来事であるが，そのときの私は，"ただならぬ"雰囲気に圧倒され，緊張のあまり身動きもできなかったことを記憶している。

　別の教師は，教頭の職にあったが，私が最近，担当した教員研修の一コマであるイメージ法の体験学習のとき，「私は飛行機雲です」と自らをたとえた。

そして，「青空に白く，くっきりと飛行機雲は鮮やかに浮かんでいましたが，やがて薄れ，消えていきました」と続けた。

　上記は，どちらも時代は異なっても，教育に情熱を注いできた優秀な教師である人のことばである。そのことがよく伝わってくるだけに，同席していて，痛みを覚えるが，それは私だけであろうか。教育は，現実に直面したとき，その担い手に，そんなにも過酷で，厳しいものとして，あるいはペシミスティックなものとして，迫ってくるものであろうか。

　本稿のテーマにあるごとく，「教育の可能性」はあるのかと問われれば，いったい私たちはどう答えることができるのであろうか。さしずめ上の教師たちなら「否」と答えるであろうか。また私が出会ってきた教師たち，そのなかには教え子の教師たちも含まれているが，教育「する」ことを生業とする彼らはどう考えているのであろうか。また全国にいる 200 万人もの教師たちは，「教師受難」の時代といわれる昨今，どのように思っているのであろうか。もちろん，ここで「教育」とは，どのような所作をいい，誰が，誰に，何を，どうすることか，を問わねばならないことは言うまでもない。

1．誰　が

　ここでいう誰がとは，テーマに従って，一応，教師とおいて考えてみる。しかし，ここで教師の発祥やその歴史について，また学校教育法に定められている教師について述べるつもりはない。とにかく教師について思いを馳せるとき，まず浮かんでくるのは，疲労困憊している教師たちの姿である。その多くは熱心な教師たちなのであるが，それゆえにか，とにかく誰もが疲れている。分刻みの生活，授業に，採点や教案づくりに，生徒指導に，それに部活，運動会などの行事の連続，保護者との面談，ホームルーム，不登校児のフォロー，非行対策などなど。これは善良過ぎるためなのか，それとものめり込み過ぎているためにか，とにかく，多くの教師は私生活を後回しにしてがんばっているのである。

　教職暦 20 年以上の教師たちとストレスの共同研究をしたことがあるが，そのうちの一人は，上記のような疲労困憊は，近代西洋化されたためと分析して

いる（西村，2002）。それは，漱石の『坊っちゃん』に登場してくる "赤シャツ" に象徴されるという。ここで近代西欧化というのは，漱石自身がイギリス留学で体験したことであるが，近代西欧的自我のなせるわざなのである。その自我とは，文明，個人主義，選択主義，損か得かの利益優先，根回し，複雑，管理優先主義，保身などで，登場人物でいえば，赤シャツ（教頭），狸（校長），マドンナ（美人の独身女性），野だいこ（画学教師）である。たとえば，赤シャツは，教頭であるが校長職を狙う策略家で，会議のときなど腰巾着の野だいこ根回しをする。また，うらなり（英語教師）の婚約者のマドンナを奪ってしまう。一方は，西欧化に毒されていない日本的自我または伝統的自我とでもいえるものであるが，仲間意識，連帯感，純朴，正義感，まじめ，無償の愛，義理人情，不器用などである。坊っちゃん（新米の数学教師），山嵐（数学教師で主任），清（乳母で下女）が登場人物である。たとえば，坊っちゃんは新任の辞令をもらうとき，「教育とは個人の力を特化して……」との校長の型通りの挨拶に対して，そんなことは僕にはできないと本音で応え，即座に教師を辞退しようとしている。これは辞令交付時にであるので，頑固，融通のなさ以外のなにものでもない。"イナゴ" 事件や師範学校生との喧嘩に巻き込まれて発奮したり，新聞記事に書かれて憤慨したりなどなどと，洗練され上手な教師ではさらさらない。『坊っちゃん』は，この近代西欧化された自我と日本的自我との相克を見事に描写したものと，私たちの共同研究では分析された。

　また分析は，現代の教師との比較検討の結果，この相克が継続して見られるところはまだよいが，いまや大方の教師は「見ざる・聞かざる・言わざる」に徹するような，保身に終止する画一化された "ティーチング・ロボット" に成り下がってしまったとも指摘せざるをえなかった。しかし，そのために非人格化され，内面ではストレスを持ち，過重な仕事量を抱え，燃え尽き症候群の様態を呈しているとも考察された。

　すなわち，教頭試験の前になると「肩たたき」してもらうために，管理職に媚びへつらいながら，必死になる。関心は早く教頭になることで，もはや児童・生徒ではなくなる。これは保身であるが，この保身は，なにも教頭試験前の教師たちにとどまらず，ひろく教師集団に蔓延している。現状の多くは，教師としての力量のなさ，煩雑さ・多忙さゆえの不十分な授業が繰り返されるこ

とが慢性化されているとされた。

　一方では，教育の現状が，あるいはシステムが，教師の人間性・生活・個性を無視せざるをえないような状況にあることも事実で，たとえ望んだとしても，理想的な授業からはほど遠いのが大方である。私は，この点で，とことん悩んでいる教師を多く知っている。先の新米教師坊っちゃんもそうであったかもしれない。坊っちゃんは，正義感はよろしくても，元気がいいばかりで，職場不適応といわざるをえない。あげくの果てには，負け犬よろしく，尻尾を巻いて，東京に引き上げていってしまうのである。それでは元も子もない。そこで，坊っちゃんの立場からすれば，さらにしたたかになるために，エンパワーメントすることが必須である。しかし，このあたりは簡単ではない。個とは，他者あっての存在であるし，集団や社会あっての存在であるからである。"Don't push the river! Its flows by its self"（Stevens, 1970）にあるごとく，個がひとりで変革をもくろんでも，「髪の毛１本たりとも増すことはできない」（前掲書）のである。だからといって，無関心，無気力では，人生は面白くないのではないか。現代において"うつ"が蔓延しているのは，この個と集団の間の壁にぶつかり，無気力ややる気のないときである。

　一方，システム論からいえば，坊っちゃんのような粋のいい，はりきっている新米教師の足を引っ張ったり，抹殺してしまうのではなくて，活かしていくシステムが教師集団の中に備わっていることが望ましい。このためには，日頃からの民主的で自由な雰囲気のある集団づくりが考えられる。それには教師一人ひとりのアイデンティティの確立が基盤であるが，仲間集団の構築が心身ともの労力をかけることを必要とはするが，究極的には居心地のいい教師集団にすることを知ることが大事であろう。管理者層においては，まさに指導性を発揮する機会なのである。無難に過ぎることより，リスクをともなっても，本来の指導性を発揮すべきであろう。阪神淡路大震災のとき，校長や教頭は，物理的にも精神的にも，指導性が問われた。ある校長は，教師生活35年のなかで，もっともリスクの大きい，また困難な学校運営であったが，人生一番の思い出になったと述懐している（倉戸, 2001）。

2．誰　に

　誰にとは，もちろん児童・生徒のことであるが，彼らも変化の渦中にあると言えよう。不安定な社会や時代的背景の激変するなか，家庭にあっては両親の多忙さとストレス，そして苦しい家計と疲労，それは，ときに家庭不和を生み，育児放棄や児童虐待にまで発展しているケースがある。したがって児童・生徒には罪はなく，むしろ犠牲者であり，被害者なのである。子どもが被害者という理解は，家庭の本来の姿ではないが，そのような理解の仕方が少なくとも，いま必要なのである。

　ある不登校の女子高校生は相談面接のなかで，「受験勉強なんて軽いですよ，家の中が平和でありさえすれば……」と訴えたことがあった。彼女は父親が部屋に入ってきて性的虐待を繰り返すので，勉強どころではなかったのである。「学校になんか恥ずかしくて行けないですよ」とも漏らした。私は，その高校生の同意のもと，母親に相談に来てもらって実情を話し，彼女の部屋に鍵を取り付けるよう要請することから相談をはじめなければならなかったのである。現代の教師は，このような生徒が教室にいることを認識しなければならない。

　別の３歳の男の子は，プレイセラピーのなかで，私のスーパーヴァイジーであるセラピストに，「お母さんは頭が痛いの」と漏らした。尋ねると，父親が叩くとのことであった。この男の子は保育所で他児を殴り，乱暴するのが目立ち来談したのであるが，その気持ちが分かるような気がするとヴァイジーは報告してくれた。現代の子どもは，３歳にして，この男の子のように，すでにストレスをもち，そのはけ口を模索しはじめているのである。

　このような不安定で心配の多い家庭から児童・生徒は学校に来ているのである。いわば，機能不全もしくは崩壊家庭が背景にあることを踏まえて学級経営を営まなければならないのである。これは，教師には，大いに，負担になる。

3．何　を

　何を教えるかは，根本的な教育の命題である。このことが，明確になってい

　ないと，教育は目的を見失ってしまう。そして，この目的が一人ひとりの教師にしっかりと自覚されてはじめて，教育がその使命を果たすべく方法論へと段階を進めることができるのである。しかし，このことが曖昧になっていたり，時代の変遷とともに変化してきているのも事実であろう。そこで，そもそも教育とはなにか，その目的はなにかを再考しなければならなくなっている。

　教育といった場合，これは少々大上段に構え過ぎなのかもしれないが，それは教育する行為者と教育される者とからなっている。行為者からみれば，伝達することに価値があるものに設定される。たとえば，かつては"読み・書き・算盤"であった時代があった。私の時代には，敗戦後だったためにか，"英語"であった。そして"コンピュータ"の時代，そして"ポスト・コンピュータ"の時代へと，変遷してきているのである。

　これらの例でも分かるとおり，教育の目的は，普遍的な真理としてではなく，時代や社会の要請を受けたものであった。かつ，上の読み・書き・算盤にしても，英語にしても，コンピュータにしても，それらは教育の目的ではなく，方法論であったのであるが，多くは主客転倒して，目的として捉えていたきらいがある。

　日本の学校教育の目的も時代・社会とともに変遷してきている。詳しくは触れられないが，1872 年（明治 5 年）の「学制」には，立身出世・個人主義・功利主義が教育の目的として挙げられていた。1886 年（明治 19 年）に公布された「諸学校令」では，国民の忠君愛国の精神を涵養することを目的として，方法としては知育・徳育・体育が挙げられていた。そして，1890 年（明治 23 年）の「教育ニ関スル勅語」（「教育勅語」）の発令によって日本の教育の目的は国家主義的色彩の濃いものへと移っていく。

　敗戦とともに，教育の目的は，1945 年（昭和 20 年）に制定された「教育基本法」になり，その第 1 条（教育の目的）には「教育は人格の完成をめざす」ことにはじまり，「平和的な国家および社会の形成者」の育成をはかることが掲げられた。

　最近，この「教育基本法」の見直しが論議されているが，文部科学省が2003 年（平成 15 年 7 月）発表した「教育の構造改革」案では，「画一と受身から自立と創造へ」の旗印のもと，「新しい時代を切りひらく心豊かでたくま

しい日本人の育成を目指して」となっている。そして，具体的には，4つの理念を挙げている。それらは，1）個性と能力の尊重，2）社会性と国際性の涵養，3）多様性と選択の重視，4）公開と評価，である。

　教育の現場では，これらの「教育基本法」や「構造改革案」にも基づいて配布される「指導要領」により，教師がその任に当たっている。しかし，教育の現状は，先述のごとく，生易しくなく，荒廃をきわめている。しかし，それゆえにこそ，今一度，教育の目的を考え，一人ひとりの教師が「教育基本法」に立ち返るだけではなく，それを踏まえて，自らの教育の目的をも止揚することが急務であると思われる。

　ところで，「教育学」もしくは「教育原理」を学んだものは，Jean-Jacques Rousseau（1712-1778）の *Émile ou de l'Éducation*（1762）を読んだことと思う。既知のごとく，副題に *l'Éducation*（「教育について」）とあり，教育に関心のあるものには，一度は発禁されるほどのこの著作に，「夢想」とはいえ，示唆に富み，挑戦的であるが，賛否両論，論議の絶えない思想の著の虜になったことであろう。私自身は学生時代に読んだときと比べて，現在読んでみると，いっそうの知的興奮と含蓄のある著に魅力を覚える。しかし，時代的背景の違いがあるにせよ，その独善なまでの頑な考えだと思う箇所もあり，頭を抱えてしまう。したがって，一体教育とは何かを考えさせられるのである。私が頭を抱えてしまう記述は，たとえば以下のところである。

　「あなたの生徒に対して別の道をとるがいい，生徒にはいつも自分が主人だと思い込ませ，実際はあなたが主人（教師）であるようにするといい，自由の外観を保っている奴隷ほど完全な奴隷はない。こうすれば意志さえも支配することができる」（ルソー，1980）。

　以上の付点の箇所が，とくに，私が頭を抱えさせられる記述であるが，孤児Émile が社会から影響を断ち切られた環境の中で，誕生から大人になるまでの，一人の教師との関わりを記したものである。まずこのようなことは現実的ではなく，Rousseau 自身が述べているように，「幻想家の夢想」でしかないのであるが，しかしそれでも刺激的で，私に挑戦状を突き付けてくるのである。

　このように主人公の Émile は，自分では自由に振る舞っているつもりなのに，実際は「教師」の意のままに，操られているのである。Émile には見せか

けの自由だけが与えられて，その意志さえも「教師」の意のままに操られていたということになる。このあたりが，時代，あるいは文化が異なるとはいえ，また学生のときには見えなかったが，自由意志と選択，そして可能性を志向する私の現時点での思いからすれば，明らかに問題だと感じられる。それは，人間性の剥奪であり，教育の独善さ，恐さを覚えるところである。

　しかし，表面的に捉えるのではなく，『告白』を背景にして読み込む必要があろう。

　「私の生徒たちは非常にわるくなっていた。私は熱心でなかったのではない。気分にむらがあり，とくに慎重さがなかった。感情と，理屈と，立腹という，子どもたちに対してつねに無益でまた往々にして有害な３つの手段の他は用いることを知らなかった。（中略）すべてを見ぬいていながら，何ひとつふせぐこともできず，何ひとつ成功しなかった」と『告白』にあるごとく，反省の上に立ったものなのである。この "Émile" は，Rousseau の１年半の家庭教師の経験と放浪，そして自己教育の経験から著わしたといわれている。自らは５人の子どもをもうけたが，自らは育てなかったという点とともに批判されるところである。しかし彼が，当時の学校教育と教会を勇敢にも批判をした点，また，「学問と芸術が完成に向かって進んだだけ，それだけわたしたちの魂は腐敗した」と『学問芸術論』に訴えるとき，彼の洞察は，冴え渡って，私に迫ってくる。あるいは「教育のどんな問題にも，単に対象化された人間，すなわち他人のこととして考えるのではなくて，自分自身のこととして，自分自身の内面的心情の検証を経たのちでなければ語らない」としていることも，多くの読者を魅了してやまないところであろう。とにかく，誕生から成人までの記述は，研究が蓄積されている現在からみれば，修正や加筆されねばならないところもあるが，「発達心理学」あるいは「教育心理学」の永遠のテーマに光を当てたといっても過言ではない。

　それでは日本ではどうであったか。かつて，それは100年くらい前になるが，日本では身体的に成熟する時期になると，男も女も，若者組や若衆宿，あるいは娘宿が存在していて，そこで，"教育" がなされていたのである。それは，現代流にいえば，いわゆる合宿形式で，男であれば「一人前の村人」になる目的をもって，村の警防や秩序維持の訓練とともに，挨拶の仕方，言動の規範，

性，結婚，職業についての教育的訓練を学習している。女の場合も，初潮がみられると娘宿へ所属し，「主婦学」を学ぶことが目的で，たとえば，ひとつの具体例としては，「私生児を生まないように身を慎むことなど，女性の護身術とも名づくべきもの」（柳田，1948）を教わったのである。

　これは日本にかつて存在した大人になるための通過儀礼である。この通過儀礼の意義は，大人になるという個人的なことであっても，地域や大人がそれを見守ったり承認したり，社会的な是認のもとおこなわれていたという点である。たとえば，初潮のときに近隣総出で祝う八丈島の「ウイデ祝い」や，不倫のときには近隣から都会へ追い出す「まびく」がそうである。しかし現在では，このような通過儀礼は存在しなくなり，お目出たいことであれば，誕生日会，入学・卒業式，入社式，結婚式などあるが，たとえば，失恋，離婚，失職，受験失敗など，不幸な出来事に対処する場合は，ほとんどひとりで個人的に対処するしか仕方がないのである。

　これら若者組や娘宿の存在とその機能を思うとき，かりに教育の存在と機能に置き換えてみると，私には現在の教育の問題点が浮き彫りにされてくるように思われる。まず，そこには教育を支える社会システムの存在があった。また，何を教えたら，あるいは学んだらよいか，価値観や目標が，教えるもの・学ぶもの双方に，明確で，かつ相互理解されていたといえる。それは地域社会が機能している証拠である。したがって，反抗する者や脱落する者は比較的少なかったことが推測できる。逆にいえば，地域の価値観や大人になることへの道が，現代と比べれば単一化されており，選択の余地も，なかったともいえよう。

　さて，学校教育といった場合，教育の目的は，生徒指導や特別活動，そして教科を通して具現化されることが期待されている。しかし，文部科学省の学習指導要領が配布されるので，もっぱら教科の授業が主になりやすい。そうすると，教師は要領にある単元を消化するのに躍起になり，心ならずも，まさに"ティーチング・ロボット"に成り下がってしまう危険がある。これには偏差値指向や受験競争がその背景のひとつにあることは否めないであろう。そうすると，勢い教科中心の学習ということになるが，本来それは教科をとおして人間や社会について，そして生きていくのに必要な知識や"すべ"を学習することが目的のはずである。しかし多くの場合，知識を中心に習得することが優先

されがちなのが現状であろう。すなわち知的偏重ということになる。そしてこの知的偏重が批判の対象になるのである。

　そこで，鍵概念である“知識”について，も一つの鍵概念の“すべ”との関係について触れておきたい。

　知識・“knowledge”は，「知る・“know”」という動詞と名詞接尾辞“ledge”からなっている。英語の語義辞典（Dictionary of English Etymology）を見ると，know は「お互いに知り合っている」「分かっている」「性交渉をもつ」「経験した事柄」という語源の他に“knowing”になると「自認」や「告白」という意味もある。したがって，「知る」は，単にことばを頭で知っているだけではなくて，もともとは体験に基づいて知っている，経験をしたので知っている，という意味があったことが分かる。そのように分かれば，“すべ”は，自から体験を通して培われたもの，身に付けたもの，という理解が成り立つ。しかし，知識は，いつのまにか，頭だけの，暗記したもの，ことばだけのもの，になってしまっているように思われる。これには，貨幣など，価値が抽象化あるいは象徴化された社会のなかで生活している現代という時代が関係しているのかもしれない。いずれにしても，経験をともなわない，したがって，実感のない，知的偏重の現象を招いていて，“すべ”が身に付きにくい現状をきたしているとい言えよう。

4．告白的な教師論

　それでは私は，いったいどのような教師で，どのようなことをやってきたのか，またどのような教師に出会ってきたのか。観念論にならないためにも，いくつかの点を告白しておきたいと思う。これは生身の人間としての内面的自己への気づきであり，その自己開示である。また，これは Rousseau の『告白』を待たずとも，人間性の立場から，あるいは心理臨床に携わるものの間では，自然な成りゆきになりつつあるが，そのことなくして他人事や観念論になってしまうからである。それは，何かを達成できたから，あるいは自慢ができるからでは，さらさらない。あるいはいつも“良い”教師に恵まれてきたとは限らない。むしろ，教師として，あるいはひとりの人間として，どのように生きて

きたかを，ありのままに"告白"をしておきたい，ただそれだけである。

　私は関東で，父が園長であった幼稚園で誕生し，3歳になって関西に転宅するまで，そこで過ごした。ここでのインプリントされた経験は，その後の人生に大きく影響を及ぼしたことは，後に私が大学教師になったり，心理療法家になってから，実感されることになる。詳細は他にゆずるとして（倉戸，1993，2002），一言にしていえば，他者を気にすること，場の雰囲気に敏感であること，先生をすぐ好きになりかばってあげたくなること，音楽や遊戯に馴れ親しむこと，などである。それは他児が周りにいることへの意識，父や園の先生の言動まで気にして，今風にいえば，アダルト・チルドレンよろしく，背負い込んでいたからであると思われる。他方，音感教育やスポーツなどは，感性の育成に寄与するといわれているが，私の経験では，幼児期にこそ，その"臨界期"が存在するように思われる。おかげで，私は音楽やスポーツに興味をもち，その後の生活に潤いとゆとりをもたらしてくれている。窮地に追い込まれたときなど，ずいぶんと音楽が救ってくれているのである。場の雰囲気の学習についても，高校のときの寮生活と相まって，後の私のグループ活動への関心とつながっていると思われる。子供会や青少年活動，野外活動，教会の聖歌隊の指揮者，感受性訓練やエンカウンター・グループ，集団心理療法などである。

　関東から関西への転宅は，隣の親しくしていた兄弟や園児との離別を意味した。それは小さな子どもであった私にはずいぶん辛い経験のようであった。その証拠に，転宅直後はずいぶんと荒れたようである。親の言うことを聞かず反抗的になったり，家出をしたり，近所のガキ大将になって，他児をいじめたりした。

　小学校に上がったが，音楽の教師に親の悪口を言われたり，悪い点数を付けられたりで，音楽好きの私は混乱したのを覚えている。音楽はいまでも好きだが，このときの経験が引っ掛かっているのか，いまでも歌うときなど自信が持てない自分がある。一方では好きなのに，他方では自信が持てないのは，アンビヴァレントで辛い経験である。他の記憶は空襲で授業がなかったり，臨時の傷痍軍人のための仮病院になったりして，小学校のときの記憶は悲惨でよくない。敗戦の音玉放送を聞いたのも小学校のときであった。記憶としては激しく泣いたことを覚えている。それは訳が分かって泣いたのではなく，とにかく周

りがみな泣いていたからで，とくに好きであった隣の中学生が泣きじゃくって
いたからであった。また悔しかったのと，時代が変わるのだという予感がして
それがなんとも不気味であったからである。

　敗戦後の中学では，私には闇市と野球の想い出しかない。神戸の三宮や元町
のガード下の闇市を学校をさぼってうろついた。お腹を空かして徘徊した。映
画のなかで，焼け跡の闇市で歌う美空ひばりの『サンドイッチマン』は，私の
経験と重なる風景である。闇市の徘徊は海外出張や旅行のときの街をくまなく
歩き回るという私があるが，その原風景になっているのかもしれない。

　また，甲子園球場が近かったので，いち早く野球を覚えた。野球は，いまで
は TV での観戦しかできないが，野球少年であった私は結構上手で他者から
もてはやされたものであった。これらは，どちらも，誰れかから勧められたり，
言われたものではないが，当時の私には自然に接近し親しみを覚えたものであ
った。

　高校は，まだ荒れていた公立高校を避けて，私学を選んだ。それは京都にあ
ったが，キリスト教主義の高校ということで憧れていたこともあったが，受験
のときのレンガ造りの校舎の雪景色にさらに惚れたこともあった。この高校時
代は私にとっては，貧しかったが，まさに青春を楽しんだ時期といえる。一つ
は，級友や先輩は全国各地から来ていて視野が広められたこと，京都という歴
史と伝統の街で，それまでとは異質な文化と街並が魅力的であったこと。それ
こそ教科書の上だけではなくて，実在したり，実在した跡があるのである。た
とえば，平安京であった京都そのものがそうであるが，その中心であった御所
がそうであるし，討幕派志士襲撃事件の池田屋がそうである。まさに歴史のな
かにタイムスリップしている感じなのである。これが，誰からも言われてはい
ないが，なによりも歴史への好奇心を誘うのである。

　とりわけ貴重な経験は教師との出会いである。ひとりは数学の教師で，３年
生のときにはクラス担任になった先生である。その先生は「ズーさん」という
愛称で生徒から呼ばれていた。それはズーズー弁丸出しで話すからであったが，
ときに生徒と一緒にソフトボールをしたが，その下手さといったら話にならな
かった。打てば三振するし，守ってもトンネルするし，動作の一つひとつが
爆笑の的であった。運動会のときなど，その滑稽さで，保護者や教職員，全校

生徒の視線が注がれた。ことごとに爆笑の渦を巻き起こした。しかしそれはけっして嘲笑ではなく，一つひとつ一生懸命な素直さに，ただ滑稽だからだった。万事がそうであったが，幾何の授業になると，黒板に問題を書き，その場で解いていくのである。その有様は，生徒が聞いていようが聞いていまいが，おかまいなく，一心不乱に黒板に向かって独り言をいいながら，答えを出していくのである。はじめは馬鹿にしていた生徒たちも，すぐ，この先生は幾何が好きでたまらない先生なんだと考ええるようになった。私が魅せられたのは，その先生が自分のやっていることが好きでたまらないというその姿にであった。この人の善い先生を虜にするなんて，いったい幾何とはそんなに面白いものなのかと思った。そしていつしか私は幾何の教科書とノートを見るようになっていた。そして，校内の幾何の模擬試験でベスト・テンに入り，名前を張り出されるくらいになっていた。この先生は清水先生とおっしゃったが，ファースト・ネームは憶えていない。しかし，「ズーさん」という愛称は，すばらしい青春の思い出とともに，けっして忘れることはない。

　もうひとりの教師は英語の先生である。英作文の先生であったが私はこの先生から毎時間当てられたのである。そしてうまく答えられなくても，私の発音がアメリカン・アクセントだなと褒めてくれた。これが毎時間のおきまりの"行事"になって，クラスメイトがときに笑い，私を冷やかしたときがあっても，先生はおかまいなく，私の答えのいいところを指摘してくれた。そして私のアメリカン・アクセントも。私は，その後も相変わらずうまい英作文は答えられなかったが，いつしか，間違っても恥ずかしいという思いが消え，できないながらも英作文が好きになってしまっていた。この先生は，著名な米国人が来校し講演会が開催されたときなど，通訳をしていたが，その実力はいつも評判になっていた。外国に行ったこともないのに英語が堪能なことも評判であったが，後日，定年前に渡米され，『アメリカの印象』という英詩を出版され，米国の図書館賞を受賞したと聞いたことがある。私が恥ずかしがらずに少しでも英語を喋ることができるのは，まさにこの先生のおかげである。先生のお名前は柳島彦作といった。

　これらの教師との出会いは，その時期が私の人間形成に大事な思春期であっただけに，私の人生を左右するほど大きなものであった。それは教師とは何か

の，私の，いわば内的作業モデル（インナー・ワーキング・モデル）になっていると思われる。感謝しても感謝しきれないのである。

　大学，とくに留学先の米国の大学では，幾人かのすばらしい教師に出会った。その詳細は，残念ながら他の機会に譲らなければならないが，それぞれ私の教師像のモデルとなっている。そして，教育とは何かを考えさせられる経験となっている（倉戸，2002）。

　一方，私が英文の論文の下書きを見せたときなど，「まだ早いよ！」と，見てくれなかっただけでなく，投稿することにブレーキをかけたり，ロールシャッハの研究を学会発表し，編集者から投稿することを推薦されたときも，添削を依頼すると見てくれなかったこともあった。私にもあるのであるが，教え子が成長しかけると足を引っぱり，嫉妬，ねたみなどが起こってくる。生身の人間同士であるから，致し方ないのかもしれないが，教師としての正念場であり，教師の力量とともに人間性が問われるところである。

　それでは，教師としての私は何をしてきたのか，私が関与した教え子たちはどうにかなってくれたのか。それらは教師の立場から見たとき，教育の可能性を考えることになる。

　教えることが教育であるとするなら，それは，一言にして言えば，教えようとしても教えることができなかったというのが私の実感である。ただ，教えようとはしなかったが，私と触れ合うなかで，あるいはその後の人生経験のなかで，ひとりでに育っていったということはある。

　その一つはK大学でのゼミの卒業生たちとの経験である。退職して，もう20年以上も経っていて，赴任当初の教え子のなかには30年も経つ卒業生もいる。その卒業生が集まる同窓会が2〜3年おきに開かれるが，最近は宿泊をともなうようになった。そこでは話に花が咲くのであるが，卒業してからの人生は，各人各様であり，それぞれまさに波瀾万丈のようである。リストラで会社を首になったもの。倒産で経営者の夫は行方不明のもの。離婚したり，させられたもの。キッチン・ドリンカーになっているもの。子どもが不登校になっているもの。心理の専門家になっているもの。編集者やコンサルタントになっているもの。4人の子どもを育てあげたもの。それぞれであるが，世間の荒波を乗り越え，なんとかサバイバルしている。ゼミは私風の〝エンカウンター・グ

ループ”であったが，同窓会はさながら“エンカウンター・グループ”の再現であった。彼らの話を聞きながら，私は，彼らは，この世的に成功したものではないし，名を成したものでもないが，精一杯生きている“名もなき小さな勇者”であると思った。

　たとえば，夫が経営する会社が倒産したので，債権者が押し掛けてきて実家にも迷惑をかけるといけないので，形式的に離婚して明日家を出ていってくれ，といわれた卒業生がいた。それゆえ，2人の子どもを連れて路頭に迷ったが，せっぱつまって，ゼミの同級生の家に救いを求めて転がり込んだという。そこで，その同級生の夫は会計士で事務所を開いていたので，手伝うことになった。結果からいうと，事務所に相談にくる中小企業の経営者の人気者になり，いまでは多くの人が人生相談にくるという。それは，相談にきた人が，倒産を前に，会社をとるか，家族をとるかに迷っているときなど，彼女は，すかさず，妻や子どもは可愛くないのですか，と切り込んだことが始まりだったという。そして彼女の経験した一部始終を話すのだそうである。そうすると，話を聞いた経営者たちは，思い留まったり，安易に破産宣言をしないのだという。そして後で，あのとき思い留まってよかった，あるいは家族を一番に考えてよかった，と感謝されるという。彼女は，辛い経験を泣き笑いながら，20数年前のゼミでのグループ経験が活かされていますとも話した。

　もうひとりの卒業生は墨絵描きになっている。はがき大の彩色墨絵は，私には手が出ないほどの高額な値がついている。しかし，同窓会で，夫が寝てから夜中，キッチンのテーブルでこつこつ練習したことや絵の先生にぼろかすに言われてやめようと何度も考えたが，頑張って描き続けた話をした。そして，画商に知れる墨絵画家になったが，グループの経験が忘れられず，墨絵を活かした芸術療法のカウンセラーになりたいと思い始めたという。それまでの私は，彼女には才能と環境が整っていて，うらやましいとだけ思っていた。しかし，彼女が人知れず努力したことを知って，彼女はその報いをいま手に入れているのだと思って心を動かされた。

　同窓会の参加者は，それぞれの人生を語り合い，慰め合い，治癒的な雰囲気を醸し出している。それは毎回のことであるが，年齢を越え，性別を気にせず，苦しい経験や失敗談を平気で話す彼らに，私は，なんとも美しい光景を見る思

いがした。そして秘かに，卒業生たちを愛おしく思った。そこでは，私は彼ら
のなかに，"名もなき小さな勇者"の姿を見ていた。

　この同窓会で話されることのなかで，学生時代のゼミの話題がよく出る。多
くの卒業生が，学生のときは意味がよく分からなかった。ただ，米国帰りの異
質な教師の変ったゼミだったから履修したという。しかし，40歳の後半，あ
るいは50歳台になって，いまやっと分かった。そして，学生時代に身につけ
た，"まず人の話を聴くこと""自己開示""他者への関わり""アイ・ステイト
メント（私を主語にして話すこと）""想像と観察の区別""コンフロンテーシ
ョン""価値観分析"など，人生の経験を積むほどに，その意味が実感される
という。とくに院生で，ファシリテーターの訓練を受けたものは，その経験が
職場で活かされていると報告している。私は，同窓生の語るのを聞きながら，
嬉しくもあり，また教わったことが醸成するのには，人生経験という麹が要り，
そして時間という"ねかす"所作が不可欠なのだと，思った。

　私はその後8年から10年単位で招かれて大学を転々としている。したがっ
て退職のときには送別会あるいは記念の会を何度か経験した。ある大学では，
退官のとき，『男はつらいよ』の風天の寅さんだと言われ，「アメリカン・ドリ
ーム」を追い求めた教師，他では，「古き良き時代の最後のプロフェッサー」
と送別のことばをもらったことがある。学生からも，私の学位論文がそうであ
るが，自己開示がテーマであり，善としているので，大学の教官から悩みや個
人的な相談をもちかけられ戸惑ったときもあったと挨拶してくれたこともあっ
た。これらを喜ぶべきか，悲しむべきか，私には分からない。私は，ただ，ひ
たすら生きようと必死にもがいてきただけなのである。

5．教育の可能性について

　ある画家は，なぜ絵描きになったか，と尋ねられて，思ったという。疎開先
で，「近所に絵描きがいたが，その絵描きがベレー帽をかぶって，枯れたひま
わりの花束を腕一杯に抱えて通るのを見て，子どもの飢えた心を満たしてくれ
たように思ったという。それで絵描きになりたいと思って，絵の先生についた
り，教えを受けたこともあったが，実らなかった。むしろ絵の先生とは合わな

く，離反した」。そして「いろいろ回り道をして，自分の歩むべき道筋が見付かった。それは誰に教えられたものでもなく，自分自身で切り拓いたものであった。絵というものの本質は，本来的に教え，教えられるものではない，という明白な事実をかなり若いときに身にしみて感じてられたことである。そして私はごく自然に，どなたを師とすることもなく，誰の師ともならず，自由に歩いてきた。ふと，あの枯れたひまわりを抱いた絵描きさんの後姿が私にとって，初めてのそして最後の『教育』ではなかったかと思う」（田村，1990）。

　また，教育の重要性を力説し，教育の不在を嘆くものが多いとしながらも，それでは教育とは何なのか，と問うているものがいる。「教育は人々に何を教育したのだろう。知的活動には論理的な部分と非論理的な部分がある。教育はこの論理的な部分だけを教えている。論理的な部分は教科書にもかけるし，蓄積もできると考えられているが，はたしてどうか。論理的な話を聞いたり読んだりして，最後にきわめて非論理的に，感覚的に，『わかった』と思ったときに，はじめて論理的な話が伝達されたことになる。（中略）『分かった』という非論理的なプロセスがある。そうなると教育とはいったい何を教えているのか分からなくなる。生徒にどう受け止められるかにかかっている。人間は粘土ではない。このように教育すればこのような人間ができる，などということはありえない。『教育しよう』などということは，いい加減にやめたほうがいいのではないか」（日高，1990）。

　さらに，「知識や技能がどれだけ増加したか，という観点だけではなく，人間の成熟とは何かということが考慮されなかったら，生涯教育は危ないものとなる。（中略）学校教育に適応できないという事実は，教師がいかに生徒たちを『画一的』に取り扱うのが好きか，ということを示している」（河合，1990）。

　このように識者たちは一様に教育とは何か，そしてその可能性に問題を投げかけ，否定的になっていることが分かる。それは，一方では，教育目的の曖昧な理解あるいは無関心，他方では教育の限界をわきまえることの謙虚さの指摘である。人間とは何か，人間の成熟とは何か，人間性の陶冶とは，そしてそれを促す"すべ"（方法論）はあるのか，これらが教育の根本的テーゼであるなら，それは教えようとしても教えられない限界のあることに，もっと焦点を合わせようという警鐘であると受け止められる。

　さて，教師から見た教育の可能性というのは，すなわち私から見た可能性ということになる。そしてそれは，既述のところから推測されるように，否定的ではないにしても，針の穴から入るよりも難しいと私は思っている。

　教育が，分かっていることの教育であり，正解のある問題の教育であるなら，技術的に，あるいは方法論的に，解決のつくことである。それとても，「わかった」という非論理的なプロセスがともなうことを必須とするならば，容易ではない。まして，教育の目的が既述のごとき根本的テーゼにあるなら，それはまさに容易なことではない。少なくとも私には限界がある。

　このことは，昨今の教育の荒廃ぶりを見たり，子どもたちの荒れようを思うときに，ことさらに考えさせられる。この荒れようのなかでは教育は困難をきわめている。しかしそれは，何も学校だけではなく，むしろ家庭や社会の荒廃ぶりと連動していることは言をまたない。加えて，不透明で不確実な時代と言われている現代である。しかし，そうであるからこそ，教育の可能性を模索する意味がある。

　そこで困難や限界を前提に教育の可能性を模索するとするなら，経験的に，以下のようなことを私は考えている。

　私は，何事にも秀でた教師，あるいは理想的な教師であるより，人間的な教師でありたいと願ってきた。それは，既述のごとく，私のなかに内在化された作業モデル（インナー・ワーキング・モデル）がそうであるからであろうと思われる。第一，私は秀でていたり理想的な教師ではないからであり，そして，私の専門とする教科が臨床であるからかもしれないが，学生と触れ合いたいと思ってきたからである。

　この触れ合いは，ストレスの共同研究者である養護教諭が述べているように，世代差があり，価値観や趣味が違う生徒に出会える唯一の接点なのである（塩田，2003）。さらに言えば，感情的な触れ合いこそが，チャンネルを共有することになり，コミュニケーションがとれることになるのである。

　このことは，話題や話の内容，関心，趣味，持ち物などコンテンツ（内容）ではコミュニケーションすることは困難であっても，たとえば「テロ」の話題に対する気持ちや感情の自己開示をするとき，すなわちプロセスを共有するとき，世代を超えて触れ合うことが可能になることを意味している。『教育の過

程』（ブルーナー，1964）を思い起こすが，まさに「教育は過程なのである」。

　「ズーさん」のように，自らの教科が何よりも好きであり，それを生徒の前で"告白"するとき，何かが可能になる。それは，必ずしも，教えている教科が伝わる，あるいは好きになってくれるとは限らないかもしれない。たとえば，教科または専門は違っても，教師職を望む生徒が出てくるかもしれない。あるいはやっていることが好きでたまらないという職業を選んだり，人生を送るかも知れない。

　それは換言すれば，生きる内的作業モデル（インナー・ワーキング・モデル）になることである。もちろんモデルになることが目的ではないが，アイデンティティをもち，懸命に生きる姿が，結果的に生徒のモデルになるということである。それゆえ教師は，ひたすら懸命に生きることしかないのである。それが生徒にインプットされるのを待つのである。

　答えを教えないこと，考えさせることも私が心がけてきたことである。この考えることができるようになると，そして選択できようになると，人は自らを確立し，自分の足で人生を歩むようになると思われる。喜びであれ，困難であれ，それらに遭遇したとき，自らの問題として捉え，考え，方向を選ぶことができるというものである。

　学校で学ぶことについても，「教室から知的興奮が消え去った」（Rogers, 1974）と指摘されてから久しいが，「あっ！そうか（Aha! Experience）」（ジェンドリン，1970）あるいは「発見（learning is discovery）」（Perls, 1970）の体験がともなってはじめて，可能になると思われる。どちらも体中にセンセーションをともなうことを指しているが，学習はセンセーションがともなうことで，身につく体験となるのである。

エピローグ

　この小稿をなかば書き終えたころ，授業が成り立たないとの理由で2003年度「指導力不足」と認定された教師は，全国の公立小中高で481人に上ることが文部科学省の調査で分かったという報道がなされた（読売新聞，2004）。小学校では「しんどい」と学級担任を返上したもの，「高圧的な学習指導」など

で，児童・保護者との関係が築けないもの，中学校では，英語担当なのに英会話ができないもの，専門知識や指導技術のないもの，高校では生徒への暴言・暴行を繰り返したものなどが例として報告されている。また，「教育職員に関わる懲戒処分等の状況」によると，平成 13 年度に分限処分を受けたものの数は，5,384 人で，そのうち精神性疾患によるものが 2,503 人（前年比 241 人増）で 47.9％である（文部科学省初等中等教育企画課，2004）。これらの報告を目にすると，考えさせられる。それら指導力不足の教師や疾患のある教師を"摘発"するだけでは解決しない（尾木，2004）との指摘もなされているが，そのとおりと思われる。しかし，いったい教師はどうなってしまったのであろうか，案じられるところである。

　また，熱意のある教師のなかに，燃え尽きてしまうもののいることも分かっている（倉戸，1986）。そこで考えさせられることは，ひとつには教師一人ひとりが今一度教師としのアイデンティティを構築することであり，他方，教員養成課程の問題もある。教師を育てない地域社会の問題もあろう。それゆえ，教師に教育の可能性を引き出せるような環境やシステムの整備が必須となろう。

　教師から見た教育の可能性について私の思うところを述べてきたが，これは教師の問題であると同時に，教師だけの，あるいは教育だけの問題ではない。そのようなことが見えてきたように思われる。

文　献

Bruner, J. S.（1960）. *The process of education.* Cambridge, MA: Harvard University Press.（ブルーナー，J. S.　鈴木 祥蔵・佐藤 三郎（訳）（1963）. 教育の過程　岩波書店）

Jendlin, E. T.（1964）. A theory of personality change. In P. Worchel, & D. Burne（Eds.）, *Personality change.* New York, NY: John Wiley & Sons.（ジェンドリン，J.　村瀬 孝雄（訳）（1966）. 体験過程と心理療法　牧書房）

日高 敏隆（1990）. 教育の時代　転換期における人間 月報 11（pp. 3-5）　岩波書店

河合 隼雄（1990）. いま『教育』とは　転換期における人間（pp. 2-22）　岩波書店

倉戸 ヨシヤ（1986）. 教師の燃え尽き症候群　鳴門教育大学研究紀要, 1, 59-79.

倉戸 ヨシヤ（1993）. 男であること人間であること　人間性心理学研究, *11*（1）, 32-40.

倉戸 ヨシヤ（2002）. 気がつけばカウンセラー　一丸 藤太郎（編）　私はなぜカウンセラーになったか（pp. 139-156）　創元社

倉戸 ヨシヤ（2001）. 被災地における教師のストレス　青山社

倉戸 ヨシヤ（2002）．ストレスの構造的研究——夏目漱石『坊っちゃん』における教師像と現代教師像の分析文部科学省学術フロンティア研究成果報告（平成 14 年度報告）（pp. 13-40）　関西大学大学院

倉戸 ヨシヤ（2003）．ストレスの構造的研究——漱石『坊っちゃん』からの考察　文部科学省学術フロンティア研究成果報告（平成 14 年度報告）　関西大学大学院

文部科学省初等中等教育局（2004）．教職員関係調査統計資料　文部科学省

西村 芳和（2003）．ストレスの構造的研究——漱石『坊っちゃん』からの考察　文部科学省学術フロンティア研究成果報告（平成 14 年度報告）（pp. 13-40）　関西大学大学院

尾木 直樹（2004）．指導力不足教員　読売新聞 2004 年 5 月 17 日付け朝刊

Perls, F. (1970). *Gestalt therapy verbatim*. Lafayette, CA: Real People Press.

ルソー，J.（1980）．エミール（上)」　ルソー全集第 6 巻　白水社

ルソー，J.（1980）．エミール（下)」　ルソー全集第 6 巻　白水社

Rogers, C. R. (1974). The project at immaculate heart: An experiment in self-directed change. *Education, 95* (2, Winter), 172-189.

塩田 真美子（2003）．ストレスの構造的研究——漱石『坊っちゃん』からの考察　文部科学省学術フロンティア研究成果報告（平成 14 年度報告）（pp. 13-40）　関西大学大学院

Stevens, B. (1970). *Don't push the river! Its flows by its self*. Moab, UT: Real People Press.

田村 能里子（1990）．教えられない，教われないもの　転換期における人間 月報 11（pp. 1-3）　岩波書店

柳田 國男（1948）．婚姻の話　岩波書店

読売新聞（2004）．指導力不足教員　2004 年 5 月 1 日付け朝刊

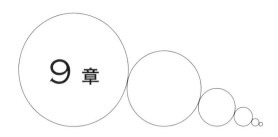

9章

幼児・児童・生徒への大震災時の心のケア：
その功罪と教職員が二次災害にならないために

プロローグ

東日本大震災とは

　東日本大震災では陸が揺れ海も荒れ，空も原発で不穏になった。同時に，私たちの心の揺れも極限に達している。犠牲者と想定外の被害をもたらした3.11 から 6 か月が過ぎても，死者は増え続け 16,000 人を数え，いまだに行方不明者が 7,000 人おり，捜索活動が続けられている（2011 年 9 月 11 日現在）。このようなやりきれない日々のなか，とりわけ幼児や低学年の児童生徒は，何が起こったのか十分わけが分からないまま，ただ恐怖や不安にさらされていることと思う。また，保育士や教師も自ら被災しながら園児や教え子たちに心を砕き，その対策に忙殺され，ギルティ・フィーリングが募り，教育者としての自らを問い，二次災害に遭われた方も多いのではないかと案じている。大震災も，阪神淡路大震災や中越沖地震などの経験から，驚愕と混乱を経験する初期行動期（あるいは茫然自失期）や水や食料など分け合いが見られ「人間って捨てたものではない」と感じるハネムーン期が過ぎ，2 〜 3 か月を過ぎると復旧の焦りやとまどう幻滅期に入ると言われている（倉戸，1995b，1995d，1996a，1997a，1997b; Kurato, 1999; Kurato & Kurato, 1995）。福島においても 6 か月

が過ぎ，復興を目指しながらも，ままならない時期をむかえている。死者 1,838 人，行方不明 122 人（県災害対策本部 9 月 19 日現在），住宅被害 全壊 17,665 棟，半壊 48,158 棟，一部破損 137,608 棟。避難人数は県内 2,937 人，県外 50,837 人。夏休みを機に県外転校 1,081 人で今までの数を合わせて 8,753 人（福島県教育庁），小学生 6,628 人，中学生 2,125 人（放射線への不安が理由）。県下の幼稚園児も夏休みを機に 2,000 人退園との報道もある。

　そこで，心理臨床の立場から幼児・児童・生徒の心の動きと「心のケア」はどうすればよいのか，また，教職員が二次災害にならないためにはどうしたらよいのか，その方策を模索したいと思う。

１．心のケアとは

　心のケアとは，阪神淡路大震災のときあたりから言われ出したことと思われるが，経験的に言えば，ライフ・ラインの復旧や衣食住の確保をはじめとして，瓦礫の除去などを援助するなかに，心がかよい，絆が形成されることのなかにあるものであろう。これは，とくに被災者援助の初期の段階には，そうであろう。しかし，語源的には，心のケアとは，"care"の語源の一つに"to shout"や"cry"につながるものがあるように，声を出したり，泣くことに付き合うことを指すが，心を痛めている人に寄り添い，ともに嘆き・痛みを分かち合い，心を配ることを言う。専門的には，シェル・ショック（shell shock）や急性のストレス障害，PTSD など，心の傷に対する心理臨床学や精神医学などからの専門的介入を指す（倉戸，1995e，1995j，1996c; Kurato, 1995）。

　ところで心のケアは被災者の心理状態やニーズの変化に応じてなされなければならない。震災後すぐは初期活動期である。ライフ・ライン，水や電気など，衣・食・住の援助を中心となされる。それに加えて，恐怖・不安・パニックなどへの支援が必須になり，この時期は外部からの支援が有効な時期である。この時期は，茫然自失期（倉戸，1997a）と呼ばれている。やがて，互に安否を気づかったり，助け合ったり，水，食料を分け合うという状態が見られる。ハネムーン期（倉戸，1996a）と言われ，数週間から 1 か月くらいに見られる。100 日が経ち東北各地では葬儀が見られたが，そして半年が過ぎたが，これか

ら心を支えていく場，住むところ，仕事，職場，生活の基盤をどうするか。壊滅的な被害を受けた現実を直視し対処しなければならない。幻滅期と言われているが（倉戸，1996a），ケアとしては，初期活動から中長期的な活動へと移ることが必須となる。この時期には，希望へとつなげていくことが課題で，地域で地元で恒久的に考えていくことになる。保育園・施設・学校においても同様と考えられる。ここで阪神淡路大震災路以来注目されている PTSD について触れておこう。

PTSD

PTSD（Posttraumatic Stress Disorder）は，「外傷後ストレス障害」と訳されているが，APA（American Psychiatric Association）の DSM（Diagnostic and Statistical Manual）の No. 309.81（APA 第 4 版，1994）に記載されている戦争神経症，サンフランシスコやノースリッジの大震災，南部の風水害などの知見をもとにしていると言われているが，要約すれば，以下の 3 つの特徴をもつ。

1）心的外傷となった出来事の再体験　　この出来事のなかには喪失体験も含まれるが，たとえば繰り返し思い出す，同様の夢を見る，出来事の光景が突然に，かつ侵入的に想起される（フラッシュ・バック）など。幼児・児童にあっては心的外傷のテーマや光景が遊びや絵に現れる場合がある。赤ちゃんがえり（退行現象）が見られる。

2）出来事とつながる刺激の回避と反応の鈍麻　　たとえば，現場に行きたがらない，話題にしたがらない，出来事を忘れようとする，他者から離れている感覚，興味の喪失，感情の鈍麻など。解離。

3）覚醒状態の持続　　たとえば，入眠困難，睡眠傷害，過度の警戒心，驚愕反応，集中困難，調整能力の減退，いらいらなど。

これらの特徴は心的外傷体験直後か，すぐ後に見られるか，その持続期間が 3 か月間以内の場合を急性，それ以上の場合を慢性とするが，遅延して 6 か月後に見られるものもあるとされている。

この PTSD について思うことは，いくつかある。一つは，これは米国の基準であるが，医学の診断名である。それゆえ，非医師が安易に口に出して言う

ことではない。二つは，震災後3か月以内は急性ストレス反応とされているの
に，すぐに，かつ何でも精神的不安や症状をPTSDと言ってしまうことであ
る。震災直後によく耳にしたが，より慎重であるべきだと思う。ここで言われ
たことは，心的外傷（トラウマ）になると病理面が強調されたことであった。
確かに，心の傷を受けたことには違いない。しかし，災害，自然なものであれ，
人災であれ，人の災害に遭遇し，そのなかで懸命に生きようとする生命体とし
ての力，サバイバルしていく側面にも目を向けたいものと考えている。それゆ
え，筆者は，勲章に値する，ゴールドメダルに値する力だと伝えている。

トラウマ（心的外傷）

　フロイトがブロイヤーと発見したもの（Frued, 1917, 1895）。外科的な傷は
なくても，心に傷を負うこと。結果は「引っ込み思案」「不安」「新しい経験に
飛び込めない」「自信のなさ」「どことなく暗い」などを指す。しかし，現在で
は，「心」だけでなく大脳に損傷（海馬の萎縮・MBD）をきたしていることも
あるとされている。

悲嘆について

　愛する人，家畜，車，船，田畑，漁場，職場などの喪失からくる精神的嘆き
のことをいう。これらの喪失のことをフロイトは対象喪失と呼んで，生涯をか
けて取り組んだと言われている（小此木，1979）。この悲嘆は，心の悲しみに
留まらず，身体的な生命力までも衰退させる。もっとも過酷なのは，乳児の場
合である。未熟な乳児は母親や養育者に依存しており，それらを失うと，気難
しくなり，泣きやすく，大人に取り付き，体重が減少し，泣き声は叫び声にな
り，発達が止まり，表情が硬くなり，睡眠障害が起こり，人との接触の拒絶，
身体の病気になりやすくなる。そして3か月を過ぎると，泣いたり叫んだりが
なくなる。代わりにうつろな目つきで無表情になる。眠り込むとされている。
スピッツらの「乳児抑うつ（Anaclitic depression）（精神分析的には依託喪失
うつ病という）」（Spitz, 1946）である。阪神淡路大震災時の子どもの様子が神
戸児童相談所の報告にある（神戸児童相談所，1996）。それによると，児童
1,843名，21項目の調査のうち，親と一緒でなかったり，明かりがないと寝床

に入れない，ひどく甘えたり，わがままを言う，家族や友だちと一緒でないと不安そうである，他の子どもの世話をしようとする，などが頻発している。

　また，幼児のストレス反応を因子分析した結果も報告されている。6因子が抽出されているが，命名はされていない。第1因子として寄与した項目は，ひどく甘えたりわがままを言うことがある，いままでできたことを親にしてほしい，いらいらしたりおこりっぽい，親と一緒で明かりがないと寝床に入れないである。第2因子として寄与した項目は，地震を想い出させる場所を怖がる，ちょっとした音や揺れにも極端に反応する，地震の話をしたり聞いたりするのを嫌がる，であった。第3因子として寄与した項目は，表情の動きが少なくぼーっとしている，遊びにも落ち着いて取り組めない，友だちのなかに入らず一人でいる，であった。第4因子として寄与した項目は，突然不安になったり興奮することがある，悪夢を見ているようでうなされる，頭痛や腹痛を訴えたり息苦しそうにしている，寝付けなかったり眠りが浅いことがある，であった。第5因子として寄与した項目は，ぜんそくの咳が出る，アトピーをかゆがるで，第6因子として寄与した項目は，おもらし，おねしょうがある，家族や友だちと一緒でないと不安そう，食欲がなくあまり食べられない，他の子どもの世話をしようとする，であった。

2．被災のプロセス

　幼児・児童・生徒に焦点を当てて言えば，まず，ショック状態のなかでは何が起こったのか，整理がつかない状態にあると言える。整理がつかないまま，明るく振る舞ったり，頑張っていると，見たり経験したことを封印することになる。あたかも悲嘆回避症候群のようになり，記憶が失われることがある。したがって，子どもに無理に喋らせたり，絵を描かせようとすると，傷口を開くことになる。災害の経験を思い起こさせるからである。思い起こさせるだけでは，災害を繰り返すことになり，閉じる作業が必須である。あるいは閉じることが自然にできるようになるまで待つことが肝要になる。生命体として乗り越えられる力を信じて，自然に癒えるまで見守るのである。

　それゆえ対策としては，そっとしておく。もちろんアセスメント（観察）は

必要になる。それは，大丈夫かどうか見守ること。明るさがなくなる，言葉が少なくなる，何か怯えているようになる，からだに出る（心身症様）などの観察である（倉戸，1995c）。

　ここで考えておかねばならないことは，幼児，児童の思考の発達段階である。心のケアは，この発達段階に応じてなされると有効だからである。

3．幼児の思考の発達に応じた心のケアについて

　ピアジェ（Piaget, 1947, 1952）は子どもの思考の発達について研究している。それは以下のごとくである。

　したがって，誕生から2歳まで，あるいは4歳くらいまでの乳幼児・幼児への心のケアとしては地震や津波，放射能などの概念は分からないことを前提にしてなされるべきである。外界を理解できるのは，視覚と触覚などの感覚器を通してであることを踏まえておかねばならない。すなわち母親をはじめ大人の表情である。表情がコミュニケーションの方法となるからである。したがって顔で関わると乳幼児は安心する。大人の心配顔や泣顔・怒った顔は乳幼児を不安にさせる。からだを使うことも有効である。抱っこ（holding）・コンタクト（スキンシップ）であるが，安心をうむ。声（ことば使い）も同様である。乳

表9-1　子どもの思考の発達（Piaget, 1947）

1．感覚運動期（Sensory-motor Period）誕生〜2歳頃まで
　　視覚と触覚などの感覚で分かる範囲が世界（イナイイナイ・バーの世界）
2．前操作期（Preparation for Concrete Operations Period）2歳〜7・8歳
　　前概念期2歳〜4歳：碁石で白が3個と黒が5個ではどちらが多いか。黒の碁
　　石と碁石全部とではどちらが多いか
　　直感的思考の時期4歳〜7・8歳：細長いコップの水を平たいコップに移し，
　　どちらのコップの水が多いか。
3．具体的操作期（Concrete operation）7・8歳〜11・12歳
　　太郎さんは花子さんより背が高い。次郎さんは太郎さんより背が高い。3人の
　　うち誰が一番背が高いか。
4．形式的操作期（Formal operations）11・12歳〜
　　抽象的な論理が備わる。3段論法。人間も動物，犬も動物だ。したがって人間
　　も犬も動物である。

幼児は，大人の，いつもの声と違うことを聞き分ける。声のピッチ，早口など
を聞き分ける。したがって，変わりないことば掛けやいつもの調子の夫婦や保
育士さんの会話が安堵を，いつもと違うと不安・恐怖を与える。動作・足音・
物音も同様で，大人の急ぎ足，荒々しい動作は不安・恐怖の原因になる。した
がって，できるだけ一緒に居る。独りにしておかないことが，一番の心のケア
になる。

発達の最近接領域

　旧ソヴィエトの心理学者ヴィゴツキー（Vygotsky, 1934）の学説も注目され
ている。それは，「発達は，学習と教授がおこなわれているときにのみ可能で
ある」としている点である（Vygotsky, 1962）。発達と教育の関係を「最近接
領域（zone of proximal development）」といって，自然発生的に起きるタイプ
（幼児前期から3歳未満）と反応的タイプ（学童期から8歳以後）と二つのタ
イプに分けて，前者では見えるものを理解する知覚に依存するのに対して，後
者は記憶によって理解しようとし，そして創造的活動や倫理的規則形成へと移
行するとしている。すなわち，「子どもが自力で問題解決できる水準と大人の
援助を受けて問題解決を可能にする水準」があるとしている。
　ヴィゴツキーも3歳未満のまでの幼児は，見えるもの，すなわち知覚による
としているので，ピアジェとほぼ類似の見方をしていると理解される。それゆ
え，心のケアとしては大人の声や表情，動きが，幼児児に不安を与えるもので
あってはならないと，両学説とも示唆している。3歳以後については，両学説
には違いが出てきて，ヴィゴツキーにおいては，教育的な関わりを強調してい
る。心のケアという観点からは，自然災害や人為的災害の区別の学習，防災の
必要性や訓練，あるいは，基本的にいって，日本の風土や立地条件，自然災害
への考え方など，それぞれの年齢に応じて教育されることが考えられる。
　被災をした児童生徒の場合，彼らを傷つけることばとして挙げられているも
のがある（厚労省研究班，2001）。これは阪神・淡路大震災時に厚労省の研究
班がまとめたものである。

表 9-2　気をつけたいことば（厚労省研究班, 2001）

がんばれ

あなたが元気にならないと亡くなった人も浮かばれないですよ

泣いていると亡くなった人が悲しみますよ

命があったんだからよかったと思って

まだ家族もいるし幸せな方じゃないですか

このことはなかったと思ってやり直しましょう。こんなことがあったのだから将来は
きっといいことがありますよ

私ならこんな状況に耐えられません

---

4. 心のケアの具体例1：震災後の幼児への介入

　震災18日後，隣の研究室に2人の女児（4歳と6歳）が避難してきていた。
扉が開いていてじっと机に向かっている様子が見えた。

1日目

　〈こんにちは，隣の部屋のおじさんです〉

二人は頷くだけ。

　〈何してるの〉

ことばの応答なし。下を向いている。

　〈缶詰に入った乾パン持ってるけど食べるかな〉

下の子が頷く。

　〈よかった〉と私。

研究室にもどり缶詰めを持ってくる。

　乾パンを食べながら，〈お腹空いてる〉〈この乾パン美味しいね〉と話しかけ
る。それ以上の会話は避ける。子どもたちが話をするまで待つ。しかし，下の
子はただ，黙って食べているだけであった。上の子は食べなかった。乾パンの
缶詰を抱きかかえていた。そこで，〈隣の部屋に居るからね〉と言って立ち去
り，研究室のドアを開けておく。しかし，夕方まで来室しなかった。夕方，母
親が子どもを迎えに来て，研究室を覗いて，帰りますと挨拶。「ありがとうご
ざいました」と上の子も挨拶をしてくれる。

〈元気でね。また明日ね〉と言うと笑顔で返事をしてくれる。

2日目

〈おはよう〉と挨拶すると，二人とも，

「おはようございますと」応答してくれた。私の部屋を覗いたので，〈どうぞ，お入り。面白いものあるよ〉と箱庭療法で使うフィギュアーを見せる。

しばらく，一緒にフィギュアーで遊ぶ。そして隣の研究室へ帰って行った。

私は自分の部屋の片付けや電話の応対をして，自分のことをする。しかし，ときどき，隣を覗いては，〈寒くない〉と声をかける。大きな余震があり，〈丈夫ですか〉と声をかける。みんなで「怖かった」〈大きかったね〉「大きかった」〈でも大丈夫でよかったね〉と会話する。

3日目

2人は廊下に出て他の研究室や遊戯療法室を覗き回っている様子である。声をかけると，元気に応答してくれる。私は安堵する。次の日から姉妹は隣の研究室に来ていなく，出会わなくなった。そこで毎週，二人宛てにお土産を母親に託した。ときに絵本も入れた。100日が経ったとき地域主催の合同葬儀があった。お悔やみのお花代を包む中に，私の「手紙」を入れた。

震災後半年が過ぎた。お土産は毎回は託せないが，母親に子どもたちの様子を聞いて元気でいることを確かめている。

これは，大人でいえば，茫然自失期に当たる時期のものである。したがって，質問攻めにして，フラッシュ・バックを引き起こし，傷口を開いたままにしないようにこころがけたものである。ただ願ったのは，二人のことを案じていること。そして恐怖や不安の気持をシェアしたいという隣人としての行為であった。

5．心のケアの具体例2：ある保育園園長への介入

〈こんにちは。震災当日はいかがでしたか，お話を伺わせてください〉

「保育中でしたので，園児を一番大きい部屋へ集めました。赤ちゃんや小さな子どもは保育士がおんぶして，歩ける子は誘導して，そしてみんで集まっていました」。

〈なるほどそうだったのですか。園児を一同に集めたのですね。それからのことをもっと聞かせてください〉

「みんな手をつないでひとつになり，『大丈夫よ』と声をかけた。（中略）倒れたものを起こしたり，片付けたり，保護者に無事を携帯で連絡したり，水道や電気が止まったので，手分けして水をもらいにいったり，食べるものをかき集めたり，もう無我夢中でした」。

〈みなさん協力して難に当たったのですね。すばらしいですね〉

「園に来れなかった保護者もいたので子どもたちと園に泊まりました。2週間も」。

〈ご自分の家族はどうされたのですか。家にお帰りにならなかったのですか〉

「携帯で連絡して，帰りませんでした。（後略）」

〈園を優先されたのですね。責任感からでしょうか〉

「そんなかっこのいいものではないが，放っとけなかった」。

　　　　（中略）

〈震災後半年が経ちましたが，振り返っていただくと，どんな半年でしたか教えてください〉

「必死に目の前のやらなければならないことをやってきました。園児を一番大切に。同僚の保育士も一致協力して，しかし困ったり，いらいらしたこともありました。言葉にならないくらい大変でしたが，みんな一丸となって難に当たってきました。20年以上園長をしていますが，今回の大震災ははじめてで園長生活一番の大事件でした。まだまだ困難は続くけれど，園長としての一番の思い出になるでしょうね」と微笑んだ。

〈すごいお話を伺うことができ，感動しています〉と，挨拶をして終わる。

この介入で分かるように，園長の，言葉にならないほどの苦労と重圧を経験しながら，難に当たってきた様子がうかがえる。そして今は，園長としての働きの意味を体感し，ここまではやり遂げたという達成感とでも言えるような雰

囲気を漂わせていた。

　ここで阪神・淡路大震災時の心のケアの経験を加えておこう。大人の場合であるが，「革ジャンの青年」と名付けている経験である（野田・倉戸・金・卜部，1995c; 東山他，1995）。

　ある避難所で「コーヒーをどうぞ」という垂れ幕をかかげてテーブルを設けていた。日本臨床心理士会と当時勤務していた大学の共同の活動である。一人の革ジャンパーを着た青年が筆者たちの周りを行き来していたが，３日目にとうとうやってきた。コーヒーを差し上げながら挨拶を交わすと，職業はバンドのギタリストだと言う。バンド仲間が震災に遭い，死体安置所のあるお寺や体育館を訪ね歩いたが，見つからなかった。そのうちに，どの死体も仲間に見え出した。そのあたりで混乱して消防士に助けられ，避難所に送られてきたという。筆者は，アクティブ・リスニングや関与的観察をしながら，極度に混乱をきたしているが，自我はしっかりしていると，アセスメントをする。そこで，しばらくの会話の後で，〈あなたにとってバンド仲間はどんな存在なのですか〉と介入する。「バンド仲間というだけでなく，友です。寝食をともにし，休みも行動をともにしていて，彼らがいないと，僕は駄目になります」〈なるほど，かけがえのない友なんですね〉「そうです……しかし，もう駄目かもしれません。これだけ探したのに見つからないので……」と，涙ぐむ。〈見つかるといいですね〉「ええ……でも，明日故郷のＹ市へ長距離バスで帰ります」〈そうなんですか。ところで，今回の被災の経験は，あなたの音楽性というか，音楽に影響がおありですか〉「……うん，いままでは，ただ収入のいいところでだけまわって，客の注文に応じてバンド演奏していたけれど，いまは癒しの音楽を演奏したいです。自分で作曲もしたいです」と，優しい目を向けてくれた。

　この「革ジャンの青年」は，朝，筆者のところに来たのであるが，その後，筆者が巡回に出るので他の臨床心理士に交代した後夕方帰ってくると，まだ居て，喋っていた。最後に，心のケアのスタッフ一同が，〈癒しの音楽を楽しみにしていますよ〉と見送ると，涙を拭き拭き，それでも笑顔を作って見せてくれた。被災の経験が彼の志向する音楽に豊かな，かつ深い意味を与えることを願ってやまなかった。

　以上のように心のケアは避難所などでは，危機介入の様相がある。それゆえ，心構え，すなわち，ケアの計画を立てるときは，どこへ，何をしにいくのかを考えることが，まず肝要になる。つぎに，アセスメントする。それは避難所であれば，何人くらい，ケアの必要な乳幼児，年寄り，要介護，怪我，持病持ちの人はいるか。年齢，職業などは。食事，寝具，衛生面はどうかなどである。

　ここで，“話す”ことは“放つ”ことに通じ，有効であるが，しかし強要しないこと。なぜなら，「心のケア」は歓迎されない側面があるからである。「自分はおかしいのではないか」と思われる危惧があり，抵抗にあうからである。一方，「こんにちは」「食事はとれてますか」「寒くありませんか」「眠れていますか」など日常のことは抵抗が少ない。傾聴することが，基本である。「そうなんですね」「なるほど」「もう少し話してくれませんか」などである。そして閉じることが肝要になる。無目的に，ただ聞くだけでは，被災の再体験，すなわちフラッシュ・バックを起こさせ，傷口を広げることになりかねない。それゆえ，いままでの経験から思うことは，学んだことなど，経験の意味・洞察へと介入することが問われている。

6．Debriefing について

　デブリーフィングが阪神・淡路大震災のときに日本に導入されたが，Debriefing は de・brief で，もとは帰還した兵士が報告を書くことから由来している。ここでは，CISD（Critical Incident Stress Management）について紹介しておこう（厚労省研究班，2001）。これは震災後1週間から10日以後にな

表9-3　デブリーフィング

第1段階	雰囲気をつくる，協力・話し合いのルールをつくる
第2段階	緊急時になにが起きたかを参加者が喋る
第3段階	緊急自体を経験したとき最初に浮かんだ考えを質問する
第4段階	参加者が応答する
第5段階	経験した苦悩や兆候・症状を話し合う
第6段階	情報や助言を与える
第7段階	質問を受け未解決の問題を収拾する。グループの討論をまとめて感情の安定化をはかる

されるとされている。7段階がある。

　このデブリーフィングについては，功罪両方があると言われている。要は，マニュアル通りするのではなく，日頃の心理臨床の延長線として試みることが肝要であると筆者には思われる。

7．心のケアの功罪

　1）「功」　　ショックや不安の軽減になる。悲嘆からの心身症の予防。独りでなく絆を覚える経験や意味の洞察，ひいては，時間はかかるけれど，豊かな叡知の獲得につながるなど効用として挙げられる。茫然自失期においては，側に居るだけで不安や恐怖の軽減に役に立つ。これがこの時期の一番の「功」である。地元の専門家によるものは，ことば，習慣，地理を心得ていて自然で，かつ有利である。

　2）「罪」　　にわかづくりの，体験のない，かつマニュアルを鵜呑みにしたケアでは被災した人の傷口を開いたまま放置する危険性がある。「大変でしたね」と話を聞くだけだとフラッシュ・バックが起こり，当時を想い出させるだけでは，これまた傷口を開くことになる。二次災害を招くことになりかねない。侵入的な質問，たとえば，「そんな弱気だとだめですよ」「マイナス思考ではだめですよ」なども，傷口を広げ悪化させる。また，長期的援助の展望をもたない単発の援助であれば，被災した人が，ケア・ワーカーに，またきて欲しいという期待や依存性を助長しかねないので「罪」に入る。ケアのシステムづくりが望まれるのはこの点からも言えることである。

8．二次被災について

　心のケアに従事するものもケアが必要になる。それは，Compassion fatigue（Figley, 1995）とも言われ，共感性疲労と訳されているが，責任過剰ゆえの疲労である。

　東北3県の地元消防団員54チーム2,500人が1週間交代で救助，ライフ・ラインの復旧，瓦礫の片付けに当たった。そのうち約300人が「眠れない」

「不安」「恐怖」「うつ傾向」「ひきこもり」など，二次被災に遭っている。殉職した警察官 25 人。自死を選んだもの 65 人（産経，6 月 13 日）と報道されている。筆者が相談にあずかった例を紹介する。

ある幼稚園長の経験

　ある幼稚園長は，震災時はおおわらわだったが，無我夢中であった。保護者からは表土は大丈夫か，うちの子は外に出さないでほしいなどの苦情が寄せられたが，真摯に，また信念をもって対応した。表土は換えてもらい，文科省の指示に従いガイガー・カウンターを見ながら大丈夫な放射能の値であれば，10 分だけ子どもを外に出した。子どもは体を動かすことが一番だからという信念を優先させた。これは必ずしも保護者全員から支持を得たわけではなかったので，辛い決断をした。また，屋内プールを自らの判断で購入した。高額だったので，施設長から承認されるかどうか，心配の面もあるが，園長の裁量範囲だったので，「えいー」とばかり，自分の信念を優先した。先生方も全面的に協力態勢にあり，仲間がこんなに頼もしく思えたことはない。十分に力を発揮できていて，ある種の達成感さえ感じられた。震災後 3 週間は園に宿泊して問題の処理に当たった。今は，東電を訴訟すべく他の園とともに書類つくりに精をだしていると，生き生きと語ってくれた。この園長は疲労困憊はしていたが，幼児教育者としての信念を貫き通した自負がある。頼もしく感じられたが，信念を貫き通せたのは日頃の保護者との好ましい関係に裏付けされていることを物語っている。

阪神淡路大震災時の教師たち

　ある女性教師は，2 階で寝ていた義母を一瞬のうちに失った。自宅が半壊になったためである。余震の続くなか，その場から動けなくて，しばし放心状態であったが，何を思ってか，義母を放置したまま外へ出て，受け持ちの児童の安否を気遣い瓦礫の中をさまよった。この教師は，あまりにも突然の，しかも言語を絶する悲惨さに，その場にいたたまれなくなったからであるが，後で精神的バランスを崩した。

　ある男性教師は家族を放置したまま中学校へ出勤した。そしてそのまま 3 日

表 9-4　因子分析の結果 （バリマックス回転後）

	第1因子	第2因子	第3因子	第4因子
管理職	枯渇状態	自責の念	達成感	乖離状態
男性教師	達成感	自責の念	枯渇状態	乖離状態
女性教師	達成感	自責の念	乖離状態	枯渇状態

間，避難所になった勤務校での対策に奔走した。避難所の管理・運営や，食料や救援物資の仕分けをはじめとして，小競り合いの仲裁，病人の世話や夜の見回り，連絡板の作成など，想像を絶する仕事量があったが，同僚の教師とともに，それらに当たった。

　ある校長は，自らが避難所，その後に仮設住宅にと移り住みながら，避難所になっている勤務校の管理・運営に教師生活 38 年間のうちの最大かつ最高の指導力を発揮した。

　これらの教師たちは，危機管理など多くの貴重な経験をしたが，一方では，過労と，誰にぶつけたらよいか分からない憤りを抱えたまま，どうすることもできずに，ただ黙々と，目の前に次から次へと山積する対策に追われたのであった。いったい今回の震災は何だったのだろうか。とりわけ，教師には，教師であるがゆえに，何を強いられ，何がもたらされたのだろうか（倉戸，1999，2001）。

　筆者がインタヴュー調査した阪神淡路大震災時の教師の様子がある。

　管理職にあった教師は枯渇状態が第 1 因子と挙げられているのに対して，管理職でない教師は男女ともに達成感が第 1 因子として挙げられている。管理職にあったものは，責任と管理上においてストレスの負荷がかけられていたことを物語っている。第 2 因子としては自責の念が挙げられていて，教師はおしなべて責任感が強く良心的であることが示唆されている。

9．教職員が二次災害にならないために

　まず，援助者としての教職員の心のプロセスは，まだまだ仮説の域を出ないが，以下のようになると思われる（倉戸，1996，2001; Kurato & Kurato，

1996c, 1996d)。災害の光景に圧倒され，悲惨な状態のなかで驚愕反応（恐怖・無力感・悲しみ・怒りなど）⇒内閉傾向（自身が教師であるのでうろたえたり驚愕していることを内に閉じ込める）⇒高いストレス（被災した幼児・児童・生徒の緊張の様子に反応）⇒Manic-depressive（明るく積極的に振る舞ってはいるが底には悲嘆・暗さ）⇒燃え尽き症候群・爆発（二次被災＝うつ傾向・二次的疲労・心身の症状→スーパーヴィジョンの必要性）⇒豊かな経験知（やがて置いておけるようなる・そして人生を豊かにする叡智となる）この豊かな経験知となるのには，長年の時が必要になる。筆者の場合でいえば，阪神淡路大震災から 20 年くらいの時間が必要であった。

　二次災害にならないためには，日常から自らの価値観，とくに人はどんなときに喜び，怒り，悲しみ，落ちこむかの洞察を持つこと。援助についての省察を持つ。自らのセルフ・ケアをはかり，成熟した人格の持ち主になることを日頃から志向する。援助に当たっては，“同情”，すなわち逆転移を起こさない。独りで抱え込まない。グループなどで経験を分ち合う。スーパーヴィジョンを受ける。意思決定をして意味を洞察するなどが，経験的に確認されている（倉戸・野田・龍川・大友，2011）

10. 危機に際して問われているのは人間性である

　大人の人間性，いわば生き様が子どもたちの鏡になっていると思われる。たとえば，放射能汚染（セシウム 137 など）は，食物，動物，建物，土，衣服だけでなく，いまや心まで汚染してしまっている感がある。ここで心のケアの立場からは，自分（価値観・人生観）を保ち，選択する力を発揮することである。農産物にセシウム 137 は 500 ベクレルまでは安全とされていても，「私には乳児がいるので，100 ベクレルでも避難することを選択する」。「妻や子どもを千葉の実家に預けて，自分は福島の職場に残る」。「夫と子どもは，他府県へ避難した。私は仕事が福島にあるので，何度も話し合って，離婚になり，寂しいのは寂しいが，納得である」。

　岩手県陸前高田の吉浜では明治時代に村長の決断で住居は山側，仕事や畑は海側とした。当時は必ずしも全員賛成ではなかったが，村長は決断した。その

決断が 100 年後の今回，村民の命を救った。

　石巻日和幼稚園は日和山の小高い丘の中腹にあった。地震発生後，園は保護者に子どもを引き渡す判断を下し，園児 12 人をバスに乗せ低地にある門脇町方面に向かった。園児 7 人を保護者に引き渡した後，バスは津波に飲み込まれ，5 人の園児が犠牲になった。

　園では，早く子どもを親元に帰したかった。

　職員のほとんどは防災無線が聞こえなかった。

　津波が来るとは思わなかった。

　園では地震発生時のマニュアルを準備したいが職員 6 人のうち 5 人が知らなかった。

　園では地震・火災の避難訓練はしていたが，津波の避難訓練は一度もしていなかった。

　岩手県野田村にある野田保育園は海岸から 400 m にあるが，地震発生後すぐに園長は各教室へ避難指示した。一時避難所まで約 1 km だったが，保育士は，あらかじめ地域から非常時に許可の出ている最短経路を通り，0 ～ 6 歳の園児約 90 人と職員 14 人全員無事。村では津波で 500 戸以上が損壊している。

津波てんでんこ

　岩手県釜石市の小中学生たち約 3,000 人は無事であった。釜石東中学生徒は地震のとき校庭を駆け出し，あらかじめ決められた避難場所へ向かった。その姿を見て，近くの鵜住居（うのすまい）小学校児童が後を追った。ところが避難場所は裏山が崩れていることに中学生が気づき，その場を離れ高台へ逃げた。途中，遭遇した保育園児を保育士とともに抱え，園児を乗せた台車を押して走り続けた。高台から振り返ると学校や避難場所は水没していた（中日新聞，4月 10 日）

　自分の命，守るのは自分なのである。釜石市の小中学生は授業で地震と津波，防災を，市が社会や学活などに組み込んだ独自のカリキュラムを作り 2010 年度に取り組んでいた。指導者の一人群馬大学の片田敏孝教授は「子どもたちにはハザードマップを信じず，その時できる最善の行動を取るように言ってきた」と話す。

　子どもたちは，通学路を歩き，危険な場所や避難できそうな場所を探し，オリジナルの防災マップを作っていた。避難訓練を定期的に釜石東中と鵜住居（うのすまい）小と合同で，市民も参加して，やってきていた。家族でも「てんでんこ」の意味を話し合っていた。

　この実例は，多くの示唆に富んでいると思われる。とくに，命を守る観点からは具体的で効果のあることである。そして，子どもたちは，この経験を，必ずしも平坦でない，これからの人生に役立たせていくことができる貴重な経験となっていることである。

大阪教育大学附属池田小学校

　2001 年 6 月 8 日 8 人の児童の犠牲者を出した。2011 年より「安全科」の科目を全学年に立ち上げた。目的は自然災害・火災・事故・犯罪から自分自身を守る力を養成する。実体験できないので考えさせる授業を目指す。

　通学路の写真を見て，身を守ることのできる手がかりを探す。討論する。人が歩いていたらその人に助けを求める。その人が怪しかったらどうするか。子ども 110 番の看板を挙げている家はないか。先生と児童が順番に通学路を歩いてみて，身を守る手段を考える。「安全科」のカリキュラムはつぎのようである。

　一年生：交通のルール。二年生：着衣水泳。三年生：煙の体験。四年〜六年生：AED の実習。

　「安全科」の教育の目標は，人生に必要なもの，何を学ぶかが教育の役割としている。

　これには，批判もある，時間がない，担当者がいないなど。まねはできない，などであるが，要は教師の，あるいは学校の教育理念と意思決定の問題をいかにシステマティックにするかではないかと思われる。

稲むらの火

　1854 年（安政元年）の安政南海地震・津波のとき紀伊国広村（現在の和歌山県広川町）で起きた故事をもとにしたもの。地震後の津波への警戒と早期避難の重要性を小泉八雲が英語で紹介した。小学校国語の教科書に掲載されて，

広く知られるところとなった。途中，中断されたが，2011 年からは「百年後のふるさとを守る」（小 5 国語）として再掲載。しかし津波が押し寄せる描写が生々しいので，被災地用には代替え物語を出版社は用意している。村の高台に住む醤油醸造家浜口義兵衛は，地震の揺れのあと，海水が沖合へ退いていくのを見て津波の来襲に気づく。村人たちに危険を知らせるために，自分の田にあった稲むら（稲の束）に火をつけた。村人は津波の難から逃れられた。

　これら危機に向かっての人間の判断が生死を分けている。そしてその渦中で家庭・学校・職場・地域において懸命に生きている大人の姿が，子どもの人生のモデルになる。

11．生きる希望と回復への知恵

　今回の被災した児童生徒の中には，津波で肉親や友を失ったものがいる。肉親や愛するものを喪失した場合，そこには希望がなく，絶望の中でサバイバルしている。まずは，"今・ここ"に生きて，将来を考えないこと。将来を考えると不安になるからである。まずは 24 時間一緒に居ること。独りにさせない。幼児などでは抱っこなどスキンシップが安定を得るのに効果的である。そして，落ち着きを取り戻したら，親戚，NPO などの援助グループの働きが期待される。人間は希望が持てれば，がんばって生きていける，したがって希望がもてるように関わるのである。

　地震国ともいわれ，台風にも見舞われる国であるのが私たちの住む日本である。それゆえ，太古より自然災害から逃れえず，その被害のあまりにも悲惨なことゆえにか，ときに神話化さえして，災害に耐え，あるいは付き合ってきた形跡がある。たとえば，「古事記」の伝える「八岐大蛇（やまたのおろち）」伝説である。

　神話化は，阪神淡路大震災や今回の大震災で被災した演者の思いを重ねて推測すれば，愛する人や田畑などの喪失体験は神話化することによってしか，その悲惨さに耐えられなかった古代人サバイバーたちの想いと知恵のなせるわざであったのかもしれないと思われる。

12. これからシステムとして保育所，園，学校にできること

　これからの心のケアは長期にわたることが必至なので，幼児や児童の場合は，つねに気を配り，アセスメントをすること。たとえば，欠席がち，顔色が冴えない，無口になる，クラスメイトと遊ばない，食欲がない，おろおろする，食欲がない，宿題を忘れる，極端にハイになる，攻撃的になるなどである。

　そこで，スキンシップ，一緒に居る，子守唄など（0歳〜2歳）「読み聞かせ」「紙芝居」「童謡（歌）をみんなで歌う」「ハンケチ取り」手をつなぐ遊びなど，からだを使った遊び・ゲームなどが不安を軽減する方法として考えられる（2歳〜4・5歳）。とにかく，教師と一緒になって遊ぶ，一緒にいることを工夫する（2歳〜4・5歳）。それぞれの年齢に応じた教師自らの経験を話すことも考えられる（3歳〜）。それは幼児や児童，生徒を不安にさせるためではなく，一緒に乗り越えるためである。そしてシェアすることによって生きる知恵を工夫するためである。幼児・児童・生徒も自らの経験を自然に話なせたらよい。放すことになるからである。待ってタイミングをはかること。その際には閉じること（学び・洞察・意味）を話し合うこと。

　大学生については，筆者らの実践した記録がある（Kurato & Kurato, 1995, 1977a, 1997b, 1998）。

　大人（保育士や教師）の不安が児童・生徒を不安にさせることが知られている。思考の発達のところで見たとおりである。大人の声，動きなどに敏感なことに注意を払い，幼児や児童の立場に立ってケアに当たること。このことが，危機を乗り越えられるかどうかの鍵となる。福島では原発の問題が深刻になっている。児童も大人の挙動から，不安になっている。そこで，深刻で不安なのには違いないが，幼児や児童と話しをするときには，工夫をしなければならない。大人の知恵の出しどころである。大人の不安をそのまま子どもにぶつけるのではなく，たとえば，「お母さんも心配してるのよ。でも，お父さんも大人の人もついているから大丈夫よ。一緒に頑張りましょう。大きくなったら科学者になって心配しなくても済むように方法を考えてよね」（幼児や低学年の児童）など，知恵を絞ることが，子どもを不必要な不安から防ぐことになる。

一方，「いつでも・どこでも自然災害は起こりえる」ことの認識（寺田，2011a）をもつことも重要である。日本人は自然災害や人災の歴史から多くのことを学んで生きる知恵として活かしている。過去に東北では大災害にいくたびとなく見舞われている。たとえば，貞観11年（869）三陸沖地震多賀城津波死者1,000人，明治10年（1877）チリ地震による津波，釜石で3m，明治29年（1896）明治三陸沖地震（マグニチュード8.2）大津波で2万人死者，昭和8年（1933）昭和三陸地震（マグニチュード8.1）死者・行方不明3,000人などが記録に残っている。そこで，学習としては，自然の二面性（「厳父のごとき自然」と「慈母のごとき自然」）を学ぶことは有効であろう。そして，「文明が進めば進むほど天災の猛威による災害がその激烈の度を増す」（寺田，2011b）の見識に耳を傾けなければならない。換言すれば，エコロジーを志向する。エコロジーはギリシャ語のÓikosで，地球上のものはすべてその一員であることを指している。過度の人為的で破壊的な開発を避け，地球の成員としての調和をはかることを心がけたいものである。

大惨事に見舞われた私たちに問われているのは，まさに究極的には，私たちの生き様，すなわち人間性ではなかろうか。ともども助け合いながら，考え，未来を担う子どもたちのために，耐え忍び，希望を見つけて乗り越えていきたいものである。

エピローグ

以上，幼児・児童・生徒の大震災時における心のケア，その功罪と保育士や教職員が二次災害にならないためにというテーマについて臨床心理学からの筆者の知見を開陳してきた。被災地では復興の兆しが見えてきたとはいえ，まだまだ，余談は許されなく，長期化，深刻化が進んでいる。そのなかにあって，物質面では，なんとかサバイバルできつつあるが，精神面というか，心の状態はどうであろうか。乳幼児から大人まで，受けた心の傷は深い。そこで心のケアが機能すること願っているが，空転したり，不十分であったりする側面も見えてきている。それゆえ，いままでにないくらいその重要性が叫ばれているなかで，心のケアに従事するものが問われている。それは心のケア従事者の人間

性であったり，力量であったりしているのではないか。阪神・淡路大震災，
O-157，そして大阪教育大学附属池田小学校，JR尼崎福知山線脱線事故にお
ける心のケアの一端に従事してきたものとして，筆者には，不甲斐なさ，無念
の気持ちの方が先に立つ。もちろん，ほんの少しは，機能し得た面もあるには
あるけれども，まだまだだというギルティー・フィーリングの方が強い。さら
なる専門性に則った心のケアに従事できるように，そしてなによりも，被災し
た方々が自力で自立できるようなケアに関われるように研鑽していきたいと願
っている。

文　献

APA（1994）．*Diagnostic and statistical manual of mental disorders, 4th edition, Text Revision（DSM-IV-TR）*. Washington, DC: American Psychiatric Association.

神戸児童相談所（1996）．心のケア報告書　第2部　神戸児童相談所厚労省外傷ストレス関連障害の病態と治療ガイドラインに関する研究班（編）（2001）．心的トラウマの理解とケア　じほう

朝日新聞（2011）．池田小学校　朝日新聞2011年6月8日

中日新聞（2011）．津波でんでんこ　中日新聞2011年4月10日

Freud, S.（1895）．*Studien über Hysterie.*（フロイト，S.　懸田 克躬・吉田 正己（訳）（1974）．ヒステリー研究　フロイト著作集Ⅶ　ヒステリー研究他　日本教文社）

Freud, S.（1917）．*Trauer und Melancholie.*（フロイト，S.　井村 恒郎（訳）（1970）．悲哀とメランコリー　フロイト著作集Ⅵ　自我論・不安本能論　日本教文社）

Figley, C. R.（Ed.）．（1995）．*Compassion fatigue: Coping with secondary traumatic stress disorder in those who treat the traumatized.* New York, NY: Brunner & Mazel.

東山 紘久・高橋 哲・倉戸 ヨシヤ・杉村 省吾・川畑 直人・森田 喜治・川上 範夫・久留 一郎・富永 喜一・藤森 和美・富永 良喜・小川 捷之・河合 隼雄（1995）．阪神大震災への援助活動に関する臨床心理学的検討と今後の課題　大会シンポジウム　日本心理臨床学会第14回大会　九州大学

倉戸 ヨシヤ（1995a）．毎日の挨拶が心の不安を軽くしてくれる　河合 隼雄（編）心を蘇がえらせる（pp. 245-256）　講談社

倉戸 ヨシヤ（1995b）．震災時のパニックとこころのケア（pp. 92-93）　大塚 義孝・小川 捷之（編）　臨床心理士職域ガイド　日本評論社

倉戸 ヨシヤ（1995c）．大震災現地活動報告　臨床心理士会会報, *6*(2), 13-14.

倉戸 ヨシヤ・鑪 幹八郎・上田 紀行・中村 雅彦・福井 康之（1995d）．時代の翳と癒し　日本人間性心理学会第14回大会シンポジウム　愛媛大学

倉戸 ヨシヤ（1995e）．震災後ストレス障害と心のケア　日本精神衛生学会第11回大会シンポジウム　北陸学院短期大学

倉戸 ヨシヤ・山本 和郎・筒井 健雄・久留 一郎・羽下 大信・村本 詔司（1995f）．臨床心理士の取組とそれに対する支援』日本人間性心理学会第14回大会自主シンポジウム　愛媛大学

Kurato, Y. (1995g). The mental health care for the victims of the great Kobe-Osaka Earthquake. The 5th International Conference on Counseling in the 21st Century (City University of Hong Kong), 159-160.

倉戸 ヨシヤ（1996a）．阪神大震災の現地より―― 1.17大震災　人間性心理研究, *13*(1), 13-14.

倉戸 ヨシヤ（1996b）．全体性への動きとしての翳り　特集：時代の翳りと癒し　人間性心理研究, *14*(1), 17-21.

倉戸 ヨシヤ（1996c）．震災後ストレス障害と心のケア　心の健康, *11*(1), 27-31.

倉戸 ヨシヤ（1996d）．ボランティアが直面した心の問題　岡堂 哲雄（編）　被災者の心のケア　現代のエスプリ別冊（pp. 173-182）　至文堂

倉戸 ヨシヤ（1997a）．阪神・淡路大震災と電話相談　電話相談学研究, *10*, 17-27.

倉戸 ヨシヤ（1997b）．阪神・淡路大震災における電話相談　第1回全国電話相談学会記念シンポジウム　国立オリンピック記念青少年センター

倉戸 ヨシヤ（1999a）．避難所で援助活動した教師のストレス　第19回日本人間性心理学会（京都文教大学）発表論文集, 110-111.

Kurato, Y. (1999b). Human ecology and natural disaster. Paper presented at the 2nd International Symposium on the Cooperation Program Between Human Ecology and Community, Korea.

倉戸 ヨシヤ（2001）．被災地における教師のストレス　青山社

Kurato, Yoshiya, & Kurato, Yukiko (1995). Helping the victims of the Great Kobe-Osaka Earthquake. Paper presented at the 3rd International Conference on Conflict Resolution, St. Petersburg, Russia.

Kurato, Yukiko, & Kurato, Yoshiya (1997a). Helping the victims of the Great Kobe-Osaka (Hanshin) Earthquake. 大阪市立大学児童・家族相談所紀要, *13*, 1-12.

Kurato, Yukiko, & Kurato, Yoshiya (1997b). A mental health care project for the college students' survivors of the Great Kobe-Osaka Earthquake. Paper presented at the 6th International Conference on Counseling in the 21st Century, Beijin.

Kurato, Yukiko, & Kurato, Yoshiya (1998). A mental health care project for the college students' survivors of the Great Kobe-Osaka Earthquake. 大阪市立大学児童・家族相談所紀要, *14*, 1-7.

倉戸 ヨシヤ・野田 幸子・龍川 悦雄・大友 あや子（2011）．東日本大震災と心のケアと人間性――現地からの叫び――　日本人間性心理学会第30回大会シンポジウム　愛知教育大学

野田 正彰・倉戸 ヨシヤ・金香 百合・卜部 文麿（1995）．震災後の「心のケア」とは　世界, 5月号, 65-75. 岩波書店

小此木 啓吾（1979）．対象喪失　中央公論社

Piaget, J. (1952). *The origins of intelligence in children* (Republished). New York, NY; International University Press

Piaget, J. (1947). *La psychologie de intelligence.* Paris: Armand Colin. (波多野 完治・滝沢 武久（訳）(1960). 知能の心理学　みすず書房)

産經新聞　6 月 13 日

Spitz, R. A. (1946). *The psycho-analytic study of the child.* New York, NY: International University Press

寺田 寅彦 (2011a). 天災と国防　講談社

寺田 寅彦 (2011b). 天災と日本人　角川学芸出版

Vygotzky, L. S. (1934). *Thought and language* (Translated by Hanmann, E., & Vakar, G. in English.) (1962). Cambridge, MA: MIT Press.

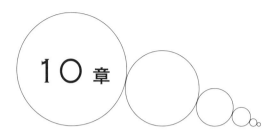

若者の心の問題と心理的援助

　私は，告白をしますと，いまはまじめですが，小さいときは，"悪"でした。埼玉県で父親が経営する幼稚園で生まれ育ったのですが，隣りが大きな医院だったので，そこの同年齢の長男と悪をしこたまいたしました。その一つは，二人で空いている病室を覗いたり，医療機材置き場で機材をいじって壊したり，近所の女の子を呼んできて"お医者さんごっこ"をしたり，街の中を歩き回って，いたずらをしていました。クリスマスのころには，これはいたずらではないのですが，幼稚園の先生や卒業生がキャロルを歌って町中を練り歩くのです。その大人のまねをしてそれについて回って，楽しかった思い出もあります。

　ところが，どうしたことか，戦争中ですから，のっぴきならない理由があったのだと思いますが，突然，父親が関西に呼ばれたので，家族と一緒に引っ越しました。それは仕方のないことだったと思うのですが，私は，嫌だったので，ぐずったり荒れて，親を心配させたようです。引っ越しのとき汽車に乗らないとも言ったそうです。関西に引っ越しても，荒れたままで，母親の財布からお金を盗んで駄菓子屋で菓子を買い，近所の子どもに振る舞うこともしていました。私の師匠筋のフリッツ・パールズ（F. Perls）も切手を収集していた友を惹き付けようとして母親の財布からお金を盗んで切手を買い与えたというエピソードが残っていますが，私も同様であったと思います。蜂の巣をつついて顔中腫れて親を心配させたり，がき大将よろしく，5～6人の子分を従え，辺り

構わず子どもを泣かせたこともありました。そのようなわけで，近所では"悪"で，わんぱく坊主で通っていました。

　いまから思えば，友や故郷との離別が辛かったからだと思います。仲間が欲しかったのだと思います。愛や友情に餓えていたとも，こころを満たしたかったとも言えると思います。

　これは，私が好きで追っかけをしていたロゴ・セラピーのヴィクトール・フランクル（V. Frankl）流に言えば，実存的真空状態にあったのです。こころが空虚な状態にあったのです。この空虚感は，家庭で充足できない場合は，学校で充足したいと思うようになります。そして学校でも駄目だとすると，社会へとエスカレートして，満たされるまで一生涯求め続けるのが人間なのかなと，私は思っています。

　幸い，私の場合は，親が気づいてくれて，川原で遊んだり，本を読んだり，真剣に相手をしてくれました。あるとき，夜トイレに起きたら，クリスチャンである親が私のために祈っている声が偶然に聞こえてきました。はっとしました。そして私は心配もかけているし，同時に愛されていると直感しました。それが，私が立ち直るきっかけとなりました。

　ですから，いくら悪でも，非行を繰り返す子どもでも，また，気持ちが弱い子どもでも，実存的真空状態が満たされれば，人間はだれでも立ち直ることが可能なのだと，自分の経験から私は信じられるのです。これが私の心理臨床に携わる原点になっています。

　本題にもどると，若者の心の問題とは，思春期の問題と捉えることができると思います。思春期は反抗期とも言われますが，自我の目覚めとも言うことができます。反抗期であれ，自我の目覚めであれ，それは自分を確立する時期です。そしてそのためには，何が必要になるかということです。

　それは，一口で言えば，まず自分の欲求に気づき，それを充足する"すべ"を身につけることが必要になります。そのためには，他者や環境とコンタクトし，交渉し，欲しいものを獲得することが必要になります。たとえば，幼稚園などで，三輪車に乗りたいが，すでに先客がいる場合。方法は，3つあると思います。一つは，腕づくで三輪車を獲得する。二つ目は，順番を待つ。三つ目は，交渉をして乗せてもらうことです。

　この交渉をして欲しいものを手に入れるということが，社会化と個性化の葛藤を乗り越えるということです。社会で生きるためには，このような折り合いをつける必要が出てきます。それが，幼児期後期から思春期にかけての課題なのです。ここで言う社会化とは，社会の規範，倫理・道徳を身につけることで，個性化とは，自分の欲求を満たすことです。この社会化と個性化の統合なしには欲求は充足されないのです。しかしこれは，自分の気持ち，これが自我なのですが，他者の気持ち・規範・倫理・道徳とがぶつかることを意味し，しばし大人からは反抗として受け取られるのです。この葛藤がとまどい，あるいはアンビヴァレント心性ということになります。

　とまどいには病理的なとまどいと実存的なとまどいがあると私は思っています。実存的とまどいは社会生活をする人間は，そして生命の有限な存在である人間には，病気，離別，老化，死別など，解決できないとまどいがありますが，それらを言います。一方，いま，起きている若者の問題や事件として現れている現象の多くは，この折り合いの接点で起きているのですが，病理的なとまどいではないかと考えています。病理的とまどいには，家庭・学校・社会の在り方が関係していて，それらは大人や社会，社会システムの責任である場合が多いと考えています。

　社会化と個性化の折り合いをつける過程は自我機能の働きにより促進されるのですが，ジョン・ボウルビィ（J. Bowlby）流に言えば，"愛情–愛着"のパターン形成のうちに他者を受け入れたり規範や倫理・道徳の噂守が内在化され，漸次促進されるものと考えられています。問題は，価値観の輻湊した現代において，育児不安や放棄，虐待の見られるなか，"愛情–愛着"パターン形成がままならなくなっている実体があると思われるところです。このような養育者の実態も，拍車をかけているのではないかと危惧されるところです。"Hey! Where are we *Homo sapiens* going?"（The 7th HICSS 口頭発表）で問うたところですが，*Homo sapiens* とは"a man of consideration"であり，考える動物の意です。そのことを思えば，よけいに心配されるところです。人間は考えることを放棄してしまったかのごとき振る舞いをしているからです。

　"愛情–愛着"パターンの形成不足のためにか，いわゆる反抗期の減少が見られます。反抗期の意味は，動物もそうですが，他者とぶつかるなかで，ほど良

いこと（good enough）を知っていき，他者と折り合いをつけていく"すべ"を獲得していくことです。反抗期はその経験をするチャンスなのです。

　いくつかの実例を挙げますと，まずは"愛情-愛着"パターン形成が内在化なされていると思われるものです。大学院生の例ですが，失恋をし，むしゃくしゃしていて単車を走らせた若者がいました。夜，激しい雨のなか死んでもいいと思って暴走中であったが，ふと母親が台所で食事の準備をしている姿が浮かんできました。そこで我に返り，気持ちが落ち着き，赤信号でブレーキをかけ，無事，帰路についたというものです。これは，母親が内在化しているゆえに，ブレーキがかかった例です。

　反抗期について，大学のゼミで話し合ったことがありました。そのいくつかの抜粋した例を挙げます。

　例1　この間初めて父親と喧嘩した。それまで面と向かって喧嘩したことはなかったし，話をしたこともなかった。何かあると母親がいつも中継をしてくれていた。ところが，今回は大声を上げて罵り合った。父親から，「俺の言うことを聞けない娘は俺の娘ではない。家を出ていけ！」とまで言われた。しかし，私の目を見て話してなかったので，目を見てよ！と言った。とことん話し合ったので和解ができた。言い過ぎてごめんと謝った。父親の方も分かった，反省すると言ってくれた。気分が爽快になった。

　例2　僕は反抗期がなかった。反抗する必要がなかったからだ。進学のときでも好きにしたらいいと言われた。親子の仲も良いし，両親の仲も良い。反抗期がなく育つと駄目だと心理学で習うが，ほんとかなと，自分の経験からそう思う。

　例3　僕も反抗したことがない。下の弟はなんでもかんでも親に反抗していて親が一言でも言うと，すぐに切れた。何にも言わないで！と大きな声を出した。自分は，そんなとき，2階の自分の部屋にこもった。

　例4　私も姉がしょっちゅう父親と口喧嘩するので，私は引っ込んで黙ってしまっていた。だから姉妹でどちらか反抗すると，もう一方は反抗したくてもできなくなる。

　例5　私も反抗期がなかった。もの分かりの良い両親で，なんでも許してくれていたので，自由にやらせてもらってきた。

　例 6　反抗期のない人があんがい多いね。びっくりした。みんな反抗期があるものと思っていた。だから反抗期がなかった自分はおかしいのかと思っていたが，安心した。

　例 7　僕も反抗期がなかった。なんでも好きなようにしなさいと言われて育ったので。しかし，なんか淋しい気もしている。

　例 8　僕は反抗した。親父が酒癖悪く飲んで帰ってくると，母親を殴った。私は格闘技をしていたのでそんな親父を殺してやろうかと何度も思った。しかし，親父を殺すわけにはいかなかったので，諦めることにした。僕の力ではどうすることもできないと諦め，下宿した。しかし，諦めたことには自責の念がある。何もできなかった自分を情けなく思った。今は反面教師になり，僕は酒は飲まない。

　このように，反抗期のない若者が増加しています。反抗期のないものの，課題は，今後も，いままでとおり，スムーズで仲良し友だちのような関係が保たれるのならよいが，恋愛，結婚，労働，子育てなど社会生活するときどうなるかです。前述のように，反抗期は社会化と個性化の折り合いをつけるチャンスなので，このチャンスのない若者が気になります。

　描画による若者の例も見てみましょう。いくつかの大学で学生が描いてくれた若者像です。

　これらの描画で象徴されるように，若者はとまどっています。No. 1 は，将来への選択肢は多々あるが，実際に進むことが可能な道は塞がれているのが現状であることを描いています。No. 2 は，エネルギーは過大にあるが，自分は何者かにとまどっている様子です。No. 3 は，これも何が自分に適しているのか，どの道を行こうかとまどっている様子が描かれています。No. 4 は情報化のなかで大量の情報が注がれるがオーバーフローしていることをグラスに溢れる水で表現しています。No. 5 は，人と人との間にはバリアーがありコミュニケーションができないが携帯電話なら可能であるという，これまた現代の IT 化された社会を象徴的に表現しています。現代は不透明で不確実であると言われていますが，これらの描画を見る限りでは，若者にも如実に降り掛かってきているように思えます。

　一方，若者を取り巻く現状は，現実と仮想現実の間に境界のないものとなっ

No.1

No.2

No.3

No.4

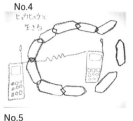

No.5

ている感じがします。それはファミコン，携帯電話，メール，ブログなどのIT化が進んでいるのと同時進行です。携帯電話など，功としては利便性が挙げられます。ビジネスでも，買い物でも，連絡ツールとしてはこの上なく便利です。罪の方は，解離（dissociation: つながりがない状態），直接の関係の崩壊が見られ，他と折り合いをつけることを学習する機会が奪われています。最近はメールでのいじめによる犠牲者も出ているのが現状です。

インターネットやメールでのいじめを拾い出してみると，以下のとおりです。

心理的援助については，大人や学校，そして社会は何ができるかです。筆者は，まず，言語化ができるように援助したいのです。それは，現実に適応し，生きるためです。たとえば，友ができ，恋愛ができ，生活をともにしたり，ともに働くことができるためです。価値観が輻輳した社会で，かつIT化の仮想現実の中で生きる多くの若者は，今，現実に人と会うとうまく話せない，と悩みを打ち明けてくれます。二人で会っていて空腹になっても，それが言い出せないというのです。メールでなら何でも話せるのに現実には緊張するという。これでは二人の生活となると難しいですね。それゆえ，現実にことばで意思疎通を図ることができるようにしたいのです。恋愛，結婚，子育て，冠婚葬祭，祭り事，就職，取引・交渉事など社会生活には，ことばが重要なツールになります。まして個性化は，生活の多くの場面で現実を踏まえること

表 10-1　インターネットやメールでのいじめ

2002.5	徳島県警などが県立高校 2 年の女子生徒 4 人を名誉棄損容疑で書類送検。
2004.6	長崎県佐世保市で小 6 年の女児が同級生を刺殺。インターネットの掲示板で悪口を書かれたから。
2005.4	山口県下関市の中学校で自殺した 3 年女子生徒を中傷する書き込みがネット上に。
2005.5	高校の同級生だった女性を中傷するメールを送ったとして香川県警が専門学校生 3 人を名誉棄損容疑で書類送検。
2005.7	ネット上の掲示板に同級生女子を中傷する書き込みをしたとして奈良県警が県立高 2 年の男子生徒を名誉棄損で逮捕。
2006.1	出合い系サイトの掲示板に同級生を中傷する内容を投稿。香川県警が県立高 3 年女子生徒を名誉棄損の疑いで逮捕。
2006.10	奈良県警が中 1 の男子生徒が携帯メールで中傷されるなどいじめに遭い,不登校。県警が同級生 2 人を補導。
2006.10	山梨県立高の女子生徒がいじめに遭ったと精神安定剤を大量に服用して自殺未遂。ブログの中傷内容が原因。
2006.11	仙台市の中 3 男子生徒がネット掲示板で「死ね」「この世から消えろ」と中傷され不登校になり,転校。
2007.2	奈良県警が天理市中学 3 年男子生徒 2 人を迷惑防止条例違反で逮捕。同級生の女子に 700 回以上中傷メール。
2007.6	さいたま市立高 2 年生生徒 6 人が同級生を殴ったり蹴ったりしていじめる動画がネット上に流れる。
2007.7	中 2 年女子の T シャツをまくり上げた画像を撮影し,同級生にメール送信。栃木県警が同級生女子生徒 10 数人を強要容疑で書類送検。

を要請してくるので,難しくなることが予測されます。自らの欲求を充足するためにも,ことばを駆使したいものです。

　さらに言えば,日常の買い物にしても,すべてインターネット上だけでは用を足さないでしょう。恋愛にしても結婚にしても,仮想現実（virtual reality）では面白くもなく意味もありません。ハワイでサーフィンをするのも,他国へ旅行をするにしても,reality,すなわち,直接体験でないと,実際にしたり,行ったりしたことにはなりません。少なくとも筆者には,そう思えます。現実認知につながることがあってはじめて現実に適応できるのです。そこで,ことばがそれら欲求を充足するために必要なツールになるのです。もっとひらたく言って,自分の気持ちや欲求を表現できるように,ことばを駆使したいもので

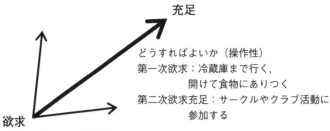

充足

どうすればよいか（操作性）
第一次欲求：冷蔵庫まで行く，
　　　　開けて食物にありつく
第二次欲求充足：サークルやクラブ活動に
　　　　参加する

欲求

どちらの方向へ行けばよいか。
第一次的欲求：空腹を満たしたいときは冷蔵庫へ
第二次的欲求：友を得たいときは，サークル，クラブ活動

図10-1　方向性と操作性

す。

　これは，「ハイ」と，良い子ちゃんから脱出し，親離れをしていくためにも，ことばは役割を果たしてくれます。ことばで，はっきりと「ノー」と言えるようになると，もう一人前の大人だと言っていいでしょう。これは自らの意思をもつことですが，自我機能が働き出したとも言えます。そこで，パールズの自我機能について触れておきたいと思います。

　パールズは欲求を充足するためには自我機能が働くことであるとしています。すなわち，方向性（orientation）と操作性（manipulation）の2つの機能があるとしました。以下のごとくです。

　方向性とは，たとえば，第一次的欲求として空腹を満たしたいとき，どちらの方向へ行けば，空腹が満たされるかが分かることです。

　すなわち，冷蔵庫の中には何か食物があるので，そちらの方向へ行けばよいことが分かることです。次に操作性ですが，それは冷蔵庫の方向に行き，ドアを開けて食物を取り出すことです。そのまま食べられないものであれば，調理することになりますが，それも操作性です。これらができると，空腹という欲求は充足されます。第二次的欲求の場合も同じです。たとえば，友を得たいという欲求がある場合，どちらの方向へ行けば友となる可能性のある人に会えるのかが分かることです。すなわち方向性です。サークルやクラブ活動のあるところには人が集まっており，そちらの方向へ行けば可能性があります。次は，いくら方向が分かっても，そこへ行かなければなりません。それが操作性です。

このように2つの機能が果たされて欲求が充足されるのです。それゆえ，2つの機能を身につけることが課題になります。

　以上でが，若者の心の問題と心理的援助についてお話しました。ご参考になれば幸いです。

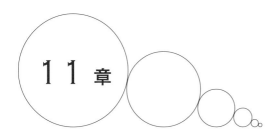

気がつけばカウンセラー：
私は何故カウンセラーになったか

カウンセラーになることに影響のあったエピソード

　私は 1976 年から 1977 年にかけて教育分析を受けたことがある。そのなかで幼ないころの記憶を辿ったとき，幼稚園での一つのエピソードが甦ってきた。それは，「昼食がないなら，『ない』と言ってくれなきゃだめじゃないの」と，先生から叱られたときのものである。当時私は，未だ入園できる年齢には達していなかったが，自宅が幼稚園だったので，正規の園児たちと一緒に過ごしていた。したがって昼食時は皆と一緒に食べていたのであるが，あるとき私の分の昼食が配られていなかったことがあった。そこで上記のような具合になったのである。

　なぜ，私の昼食が配られていないと言えなかったのか。それはその先生が好きで，もし私が申し出ていたら，おそらくその先生に恥をかかせることになると思ったからである。しかし，せっかくかばってあげたのに，その先生からみんなの前で怒られてしまったのである。そこで，歯をくいしばって我慢していたが，とうとう泣き出してしまったことを覚えている。このエピソードは，いかに私がナイーブで多感な子どもであったかを物語っている。しかし私の場合，このナイーブさと多感が，やがて専門的な訓練を経てカウンセラーとしての

資質へと高められていったのではないかと考えている。

　小学校の3年のときに終戦を迎えるが，いわゆる玉音放送のとき泣けてきたことを覚えている。訳が分かっていたのではないが，みんなが泣いていたからである。とくに，慕っていた隣家の中学生が「日本は負けたのだ！これで終わりだ！」と泣きじゃくっている姿を見て，これはただならぬことが起きたのだという思いと，なにかしら悔しさが込み上げてきたからであった。悔しい経験は，それまでも，何度となくしていた。たとえば，私の名前に漢字がなくそのために同級生からいじめられ，教師からもからかわれたことがあった。しかしこの終戦の日の経験は，日本中が唇をかみ悔しさに打ち沈んだだけに，強烈な印象として残っている。それは，人の一生には負けることや悔しい思いをすることがあるのだということの最初の学習となった。

　小学校時代には祖母や妹の死があり，幼い私にも私なりの悲嘆のときがあった。これも，人間の死は哀しく，突然，否応なしにやってきて悲嘆の渦に巻き込んでいくものだという学びになった。悲嘆に加えて，悔いる気持ちや罪の意識もあった。祖母に対しては，私が言いつけを守らなかったから死んでしまったのではないか，もっと祖母の言うことを聞いて「良い子」にしていたらよかったと，悔いる気持ちが残った。妹は7歳で亡くなったが，喧嘩やいじめたことがあったが，そのために死んでしまったのではないか，もう取り返しがつかないと，罪の意識を覚えた。これらは後になって教育分析を受けたときに，ふつふつと甦ってきたものである。

　この哀しみや罪の意識を振り返ったことは，やがて，悔いのない生き方，罪を犯さない在り方として私のなかに内在化していった。もちろんそれはすぐにはそんなにうまくいくはずはなく，今でも悔いたり罪を懺悔する日々の連続ではあるが，専門性や倫理観を醸成する姿勢として，私の資質のなかに組み入れられていった。

　中学・高校時代は，戦後の混乱期と復興という時代とも重なり，まさに怒濤の中で過ごすことになる。しかし，幸い，めざす高校の受験に成功し，はじめて家を離れて寄宿舎に入る。そこでは日本の復興とともに本格的に取り組むことができるようになった野球やテニスなどのスポーツに，あるいは寄宿生仲間との楽しくもぎこちない共同生活に，放水されたダムの水のようにエネルギー

を注ぐ機会に恵まれる。この時期に初恋も経験したが，結局は片思いに終わってしまった。この失恋で，物事は想い通りにはいかないこともあるという学びをした。しかし，なによりも悔しかったというのが本音ではあるが，それでも振り返ると，彼女の家の周りを何回となく巡ったりした淡い想いと，心を弾ませ送った手紙の返事に一喜一憂した青春が甦ってくる。

　このように私の青春時代は，ちょっぴり寂しさや影の部分もあり，かつ経済や食生活はまだまだ貧しかったが，戦争中の暗さに比べると，総じて若さに溢れ明るいものであった。思えば，この時代に，精神的に自由で生き生きできたことが，私の人間形成の礎になっている。

　大学生のときに憧れていた青少年活動のボランティアのリーダーになった。それは，中学生のころより YMCA の青少年活動に参加していたので自然の成りゆきであった。それゆえ夏などは教育キャンプのリーダー，当時はキャンプ・カウンセラーと呼ばれていたが，4 年間そのリーダーになって活躍したものである。あるとき 4 泊 5 日の小学生を対象としたキャンプに参加したら，私の担当したグループの中に 4 年生の男の子がいた。彼はバレーボールをするプログラムのときに加わらないで傍で見ているだけであった。水泳のときも水着には着替えるが，泳がないし，キャンプ・ソングを歌うときにも，マス・ゲームをするときにも彼はその場にはいるが参加しないのである。

　そのキャンプでは夜に専門家を交えてのスタッフ・ミーティングがあった。そこで彼は問題児だということになった。プログラムに参加しないからであった。参加しない理由は家庭的に問題があるからではないか，ということになった。当時はグループワークを主体とする指導が主であったので，そのような見方やレッテル張りがなされたのであろう。しかし，その子は確かにナイーブではあるが，気立ての良い子で，人懐っこい子であったし，プログラムの時間に遅刻や欠席をすることはなかった。私は，みなと一緒にプログラムに参加できないことはそんなに問題なのであろうかと思った。しかし私はまだ大学生だったのでミーティングでは発言できなかったが，その場にいて，なにか納得できなかった。この思いは，団体行動やプログラムが優先されるのではなく，個人が大切であるという青少年活動における私の一つの視点になっていった。また，後になって大学で何を専攻するかを決めるとき，グループワーク的というより

個を重んじる心理学を選ぶことにつながるのである。それは，あの，「どうして言えなかったのか」と問われても，応えられなかった私自身の経験とも結びつくのである。私が，原因-結果で考える因果説を嫌い，その人がその人たるゆえんのものになる過程，個別的でユニークな存在である個になる過程に光りを当てていく事例研究にことのほか魅力を感じるのは，私自身や私が出会った人たちとの経験と無関係ではないからであろう。

専門家をめざして

　大学では心理学のゼミに入り本格的に学ぶことになるが，私の習った1950年代後半の心理学は学習心理学が中心で，ワトソンやハル，スキナー，トールマンなどの原書を読まされた。カッツのゲシュタルト心理学を読む機会もあったが，実験室でネズミを飼育し，学習の実験をしたのであった。これは，今から思えばよい勉強になってはいるが，当時は私の望んでいたものではないという気持ちがあった。卒業論文は自らが翻訳した心理テストを用いたものであった。そのテストはハーバード大学のトムキンスとホーンの「Picture Arrangement Test」であったが，テストとしての価値があるのかを，先輩に連れられて，当時京都大学の教育学部の大学院に席をおいていた河合隼雄先生に見立ててもらいにいった。河合先生はすでにそのころからロールシャッハ・テストや心理テストの領域では知られていたが，私が先生のお名前を知りお会いするのはそのときが始めてであった。先生はそのテストを見るやすぐさま太鼓判を押してくれたので，そのテストを少年鑑別所で施行させてもらって卒業論文を書きあげた。しかし79点しかもらえなかった。無念であったが，臨床心理学はおろか，心理テストでさえもまだ心理学のカリキュラムにはなかった時代のことである。

　そういうことが重なって私は臨床心理学の本場である米国へ留学したいという願いをつのらせていった。卒業と同時に希望していた大学院に合格したので留学する予定であったが，現実には船で渡る渡航費用もなかった。1ドルが360円で，大卒の月給が平均1万8千円のころである。そこで一端は大学の助手をしながら何度か奨学金をくれる大学の留学試験を受け，やっと合格通知を

もらい渡米した。1970年のことであった。それは100年もの伝統のあるニューイングランド地方の大学で，集団力学で著明なホワイトやリピットも学んだという，自由であったが学問的にはロジャースが影をひそめ，行動主義に移りつつあったところであった。そのせいかどうか分からないが，あるいは東部ということもあったのかもしれないが，入学時のオリエンテーションで開口一番，「このあたりの病院には日本人の"患者"はいないぞ。心理臨床の実習をどうするのか」と，冷や水を掛けられたようなショッキングな言葉で"歓迎"された。これが，私の米国への，いわば"通過儀礼"だったが，エントリーはなかなか厳しいと感じた。しかし，幸いにも，ヘンリー・パーという，"Relativity Therapy"を著していて，現象学や実存主義に傾倒していた先生がいた。その先生に私は付いたのであるが，このヘンリー・パー先生は，大いに私の向学心を満たしてくれた。

　その大学院の授業で例の『グロリアと三人のセラピストたち』を見た。そのときも大変なショックで，ゲシュタルト療法については，「こんなのはセラピーではない」というのが正直な私の印象であった。それまでは，フロイトを自己流に齧ってはいたが，ロジャーズが1961年に来日してお会いして以来，クライエント・センタードが好きであった。ところが，クラスメイトたちはパールズのところになると拍手をするのである。一方，ロジャースの方はというと，自らのセラピーが終わって解説をするときネクタイを外す場面があるが，そこでクラスメイトたちがどっと笑うのである。私は大好きなロジャースが笑われることに耐えられず，また，パールズを見ても，エリスのものを見ても「こんなのはセラピーとは違う」と思っていたので，不快な思いをした。

　ところが，ある日，夢を見るのである。私の愛用していたテニスのラケットが根元から折れている夢で，気持ちが悪かったので，翌朝，スーパーヴァイザーであるパー先生に会いに行った。夢の話をすると，いきなり「折れたラケットになってごらん」と言われたので不思議に思っていると，「アイ・アム・ア・ラケット」と言うんだというのである。そのように言うと，「今，あなたはどうなっているか」と聞かれるので，「アイ・アム・ブロークン・バイ・ザ・ネック（私は首元から折れている）」と言った。すると，それまでは気がつかなかったけれど，勉強でくたくたになっている自分が体感できたのである。

胸にジーンと熱いものが込み上げてきたのである。強烈なインパクトを受けた。これがゲシュタルトだということも知らなかったが，つぎのセッションでは，「どうだったか」と言われたので，「エキサイトしました」と答えながら自分のことを話し出した。「単位を取りながら，論文も書いているので睡眠時間を少なくして頑張っているが，夢を見て挫折している自分の姿を見たような感じがした」と言うと，「ラケットであるあなたは夢の中でどこに置かれているか」と聞かれた。そこで私は，「ベッドの上です」と答えた。そのベッドというのは代々米国の学生が寝ている藁でできたもので，「日本ではもうこんなベッドは使っていない古いものだ」と言うと，「そのベッドはどうしていますか」と聞かれる。そこで，「アイ・アム・ア・ベッド」と言いながら，「値打ちのないベッド（私）だが折れたラケット（自分）を支え憩こわせている」と答えた。答えたとたんに，挫折している私をやはり私が支えていると気づいて，「あっ，そうか！」とからだ中が熱くなる経験をしたのである。それ以来，これはどんなセラピーなのかと思い，あるとき尋ねると，ゲシュタルト療法だということであった。これが一番嫌な感じをフィルムから受けたセラピーかと思ったが，体験してみると，見方が違ってくる。そういう意味では頭から入ったのではないので，私自身は，幸いだったと思う。

　もう一つ幸いだったのは，それまでは私は自分の見た世界がすべてだと思っていたきらいがあったが，上記の体験以来，見方や立場によって，ものの見方が違ってくるというゲシュタルト療法の神髄を学んだことである。このことは，その後，クライエントをはじめ，いろいろな特徴のある人にお会いするが，私の人間理解のための役に立っている。

　さらに勉学を続けたかったので，同じ東部にある大学の博士課程に入学した。1972 年のことであったが，その大学は，偶然であったが，札幌農学校に赴任して多くの仕事をしたウイリアム・クラークがかつて学長をしたこのある大学であった。そのためか，自由な学風を誇っており，大学院のカリキュラムもユニークなものが多かった。たとえば，当時のほとんどのサイコセラピーがカリキュラムに取り入れられていたし，死の臨床や環境問題なども授業の科目名としてあがっていた。ヒューマニスティック・エデュケーションのセンターもあり，その領域の全米の中心的役割を果たしていた。また，夏には 100 のラボラ

トリー・トレーニングが開催されていたことでも有名であった。

　私は，ここでも知的好奇心を満たしたのであるが，背後には援助を惜しまなかった師の存在があった。なかでも身元引き受人のジョージ・アーチ先生には公私にわたってお世話になった。しかし，お礼を言うと，そのたびごとに，私のことばを遮るのである。なぜなら，この先生は"サンキュウ"と言われることが嫌いだからである。理由は自らしたいことをしただけなので礼には及ばないということであった。最初，面喰らいはしたが，学ぶところ大であった。また，グループ・アプローチの担当でその演習の指導をしてくれたドン・カルー先生，ユング派とゲシュタルト派の両方の資格をもつスー・フランス先生にはサイコセラピーの理論と実際の手ほどきをしてもらったが，西海岸サン・ディエゴにあるポルスター夫妻のトレーニング・センターの存在を教えてくれたうえに推薦までしてくれた。さらにロン・フレデリックソン先生は，私の「自己開示」の学位論文の主査をつとめてくれたが，「睡眠時間をあと 30 分削って論文に当てなさい」と厳しかった。しかしもう一方では，統計処理のためのコンピューターのプログラムが組めず思案に暮れていたとき，私に内緒で，他大学のソフトを取り寄せてプログラムが組めるように図ってくれた先生でもあった。それだけではなく，著明なサイコセラピストが近くの町に講演にくると，ゼミ仲間とともに何時間もドライブして会いに連れていってくれたし，学会へ出席する留学生のための奨学金を取ってくれたりもした。このフレデリックソン先生は，私が就職のためサンフランシスコへ旅立つとき，私の妻を呼び，あなたの勤めは夫が 1 年に 1 本は論文を書くことをチェックすることだと告げて，最後まで励ましてくれたのである。思えば，多くの得難い師やともに学んだクラス・メイトと知己になることができて，私は幸いであった。

どのようにしてカウンセリングを学んできたか

　私は，どのようにしてカウンセリングを学んできたか，それには偶然性や無意識的なものがあり，いままでのエピソードで述べた私のそれまでの人生と切っても切れないものがある。しかし意識的には，自ら求めて学んできた過程もある。それは決して奥義を究めたということではさらさらないが，現在に至る

までを改めて振り返ってみると，いくつか思い当たることがある。

　まず，最初に思い当たるのは，よいお手本というか，駆け出しのころに，すばらしいカウンセラーに出会えて，そのテープによる録音記録を聞く機会に恵まれたことである。それは府立大阪社会事業短期大学（現大阪府立大学社会福祉学部）時代の船岡三郎先生と先生のカウンセリングの逐語記録テープであった。何度となく聞かせていただいたことが，実際に役に立った。加えて，先生と2人部屋の研究室で同室であったので，日常を通して先生のお人柄や専門家としてのたたずまいをつぶさに見てとれたことも，その後の専門家として成長していく私にどれほど大きな影響を及ぼしたかは計りしれない。

　また，いつかミシガン大学のボーディン先生が来日され，京都大学で3日間のケース・セミナーが関西在住の心理臨床家を招いて開催されたことがあったが，それに私も招かれて参加でき，始めて本格的な事例研究に触れることができた。それも推薦してくれたのは先生であった。そのとき通訳を勤めたのは今は亡き森野礼一先生と奥様の郁子先生ご夫妻であったが，流暢な英語に舌を巻いたものであった。ご夫妻とはその後も関西カウンセリングセンターで再会し何度となくお教えを受けたが，その存在を始めて知ったのはそのセミナーにおいてであった。ところで，この関西カウンセリングセンターは財団法人であるが，初代の理事長であった古今堂雪雄先生とは同じ大学に勤務していたということもあって，なにかと可愛がってもらった。

　文部省の「カウンセリング技術講座」のお手伝いをして多くのお手本ともいうべき専門家と顔見知りになれ，いまだにご厚情を得ていることも，これもまた船岡先生のおかげである。この講座は10日間，確か1964年から8年間ほど続いたが，今は亡き下程勇吉先生をはじめ，倉石精一，河合隼雄，畠瀬稔，高橋四郎，長澤哲史，氏原寛などの先生にお目にかかることができた。エピソードの一つとしては「YG性格検査」の辻岡美延先生との出会いがある。講演の時間になっても先生はお越しにならないので，助手をしていた私は大学の正門から近くの道路に出てお待ちしていた。先生が当時はまだめずらしいマイ・カーでお越しになると連絡をいただいていたので，正門が分からず迷っているのではと思ったからである。案の定，間もなくそれらしき車が来たので手を挙げ正門まで誘導したら，大変喜ばれたのである。それから，この話は続きがある

のであるが，講演を済まされ謝礼を差し上げる段になった。謝礼は文部省からのものであり，大学の会計が管理していた。それゆえ受領には印鑑が必要であったのであるが，先生はお持ちでなかった。会計は渡さないというし，先生は困惑してらっしゃるしである。そこで私は一計を案じた。いったんは私の印鑑で出金をして先生にお渡し，そして後日先生からは印鑑を押した領収書をいただくというものであった。あまり大きな声では言えないが，なんとかその場をうまく収めたのである。先生はいたくお喜びになり，後の「YG 性格検査の手引き」になる私製本を即座にくださったのである。それは講演にお使いになるためにか，ご自分のために天理大学の紀要に発表されていたいくつかの論文を合本にされた私製本であった。その私製本はいまでも私の宝であるが，先生はそのころちょうど天理大学から関西大学へ移られて 2 年目であったと記憶しているが，私はその同じ関西大学の同じ教室に先生と入れ代わりに招かれて教鞭を取ってちょうど 2 年目になる。さきごろ，先生は急逝されてしまったが，まことに奇しきご縁をいただいた。このように船岡先生にはじまったご縁というか，つながりの輪は他の多くの先生方にも広がっていった。それらは私の 20 代後半の若き日の出来事であっただけに，誠にありがたいことであり，幸運だったと言わざるをえない。

　私は助手のとき，イニシャル・ケースを大阪のカウンセリング研究会で発表したことがあったが，氏原寛先生が司会され，鑪幹八郎先生，一瀬正央先生というその道の先達がコメンターで，有益な示唆を得ることができている。これもお手本に巡り会うという，恵まれた機会となっている。

　その後，私は，米国で，ジョンとベイリーのスティーヴンス親子やポルスター夫妻など何人かの著名な心理臨床家に師事することになるが，一人ひとりと個人的に，またセラピーを通して直に体験し，交わる機会となって，今の私の財産になっている。ベイリー・スティーヴンスは 70 歳を越えていたが，私がジョンとのワーク中に英語が出てこず，いわば失語症のような状態になり往生したとき，大きなからだで近づいてきて抱擁してくれた。そして，ことばが出てくるまで暖かく待ってくれた。おかげでワークをやり遂げることができたのであるが，カウンセリングにはことばだけでなくノン・バーバルな関わりの大切さ，それに待つことが，いかに大切か身をもって体験させてくれた。

　ポルスター夫妻からは，恩師スー・フランス博士の紹介と推薦を受け，サン・ディエゴのゲシュタルト・トレーニング・センターにて本格的な教育分析とスーパーヴィジョンを受けた。各々4週間ずつ，1年の間隔をおいて，集中的に受けたのであるが，教育分析では幼児期からの自分を振り返り，パーソナルな経験のなかでの心残り，あるいは未完結の経験を整理し，統合へと志向することをさせてもらった。そのなかには，即述したエピソードや祖母と妹に対するものや，さらには，私は長女を亡くしているのであるが，その長女への喪のワークもあった。喪のワークのなかで，私は父親としても一人の人間としても失格であることを悔いたが，ワークのなかに長女のイメージが出てきて微笑んでくれた。なんだか許されているように感じた。

　長女は誕生したが保育器の中であった。小さかったからであるが，そして私の誕生日の次の日生まれ7日間の命を全うして亡くなっていった。このことを悔いて私は自分の誕生日をそれ以後，祝うことをしないできたのであるが，そのしばりからも開放されたのである。私の再出発であった。翌年はポルスター夫妻臨席でのグループ・セラピーを担当させられそのスーパーヴィジョンを受けた。英語ということばの壁があったが，なんとか乗り切ることができた。そして個人的にも，かつ専門的にも充実した経験を積み，2年がかりのトレーニングを修了し，1977年にゲシュタルト療法のディプロマを取得した。

　これらはいずれも，"からだ"を通して体験的に学ぶことができたので，カウンセラーとしての私の力になっている。たとえばカウンセリング中，応答につまったときなど，待つことの意味を"からだ"が覚えてくれているからである。前述のラケットの夢も"からだ（体験）"を通してだったし，ロジャーズ（1961年と1975年）やヴィクトル・フランクル（1988年）にお会いしたことも，そうであった。このように，他の心理臨床家を含めて，直にいいお手本に出会えたことが，私の自負心を育てている。

　カウンセリングは実践の学そのものであるから，とくに思うのかもしれないが，書物で学ぶより，体験したり，目のあたりに見たり，聴いたり，触れたりすることが，なによりも大切になるのではなかろうか。それは，ピアノや水泳を学ぼうとするとき，よいお手本というか，よい先生につくことが，なによりも学習の早道になるのと，方法論的には同じであろう。そして，手取り足取り

して教えてもらうことが，すなわち，カウンセリングで言えば，事例研究やそのスーパーヴィジョン，もしくは教育分析を受けることが必須でもあり，学ぶ早道でもあると思われる。私は，できるだけそうしてきたし，それが可能であったことを幸運だと思っている。この際，掛かる費用や通う距離という経済的・物理的な問題を優先するのではなく，一番信頼ができ，惚れ込むことのできる先生に付くという，学ぶ質を問題にしてきたが，これも今のところ，私にとってはよかったと思えている。

　カウンセリングとは，私にとっては，深淵な援助活動のように思える。その過程では，自分と対峙することが必須であった。それゆえ私なりの生きざまを振り返り，私の歪んだところや自負できるところを自覚し，専門的なトレーニングや教育分析を受けて再構築へと歩んだことに他ならないが，それは，お手本と出会うことから始められたと言える。

カウンセラーとしての喜びと苦しみ

　私は，もう 35 年以上，大学を転々としたが，赴任した先々の大学で教鞭をとりながら学生相談や付設の市民に開かれた相談所のカウンセラーをしている。また家庭児童相談員や教育センターの相談員もしてきた。それにここ何年かは個人開業もしている。それらのところでは，いわゆる健康なレベルの方から病態水準のかなり重篤な方など，多くの方々にお会いしてきた。それゆえ，喜びも苦しみも両方を経験している。不思議なのは，私の力量に応じて来談する人たちもだんだん重篤な方へと変わることである。それゆえ，人間の縁というのであろうか，不思議なつながりや引き合う力を感じている。それをパールズはコンスタレーションと呼んだが，そのようなつながりのなかで，私は難しいケースを担当することが増え，私の力量が問われている。内心ではもがきながらであるが。

　そのようなケースのなかに，医師からリファーされる境界性の人格障害がある。彼らは，たとえば，カウンセリング直後には感謝していても，つぎのセッションでは前回の不満や不全感を訴える。その繰り返しである。挙げ句の果てには，やむをえない事情のためにキャンセルを告げたときなど，つぎのセッシ

ョンでは「先生も私を見捨てるのか！」と，罵声をあびせられることもある。うんざりさせられるが，ひるめない。ここが踏ん張りどころである。「今の気持ちをしっかり言えますか」などと応答するのである。オデッセウスの物語の「セイレン」の神話よろしく，すなわちセイレンの美声に惑わされることなく船のマストに身体をくくりつけて航海を続けたという神話に似て，今では，私には挑戦的で魅力的な領域となっている。

　ところで，同じように私の力量が問われたもののなかに，「阪神・淡路大震災」での"こころのケア"がある。当時，私は神戸の灘区に住んでいて被災したのであるが，日本臨床心理士会の現地対策支援本部長を仰せつかった。そして支援に駆け付けてくれる臨床心理士へのオリエンテーションを担当した。遠方よりバックパック姿で，自らも災害にあった経験があるので他人事とは思えないと，応援にきてくれた臨床心理士の仲間もいて勇気づけられた。私自身も避難所を訪ねて「巡回臨床心理活動」に従事したのであるが，そのなかに74歳の男性との対話がある。その老人は最初，「なんで生き残ったのか分からない。年だし，これからも何もいいことはない。自分はもう死にたい」と訴えた。戦争で家は焼かれ，12年前に奥さんに先立たれ，息子も独立して遠方で暮らしている。被災時は一人暮らしであったが，「記念」もすべて失い，この世に未練は何もないという。聴きながら，「『記念』とおっしゃるのは」と介入すると，奥さんとの思い出や息子が小さかったときの家族団欒の想い出，旅行で買ってきた品々，人生すべて，という返事。なるほどと，一つひとつ，相槌をうって聴いていると，再度，「なんで生き残ったのでしょうね。もう何も残されていないのに」と訴える。「不思議ですね。なんで生き残ったのでしょうね……そしてせっかく生き残ったのに『死にたい』とおっしゃる」と返すと，「不思議です。よく分からないけど，何かあるのかな」としばし考え込む様子。沈黙して待っていると，「せっかく生き残ったのだから，何かあるのかもしれない。今はよく分からないけど，こんな大震災に遭っても死ななかったんだから……」とおっしゃる。「そうですよね」を，繰り返す私。何度も頷くその老人の目には涙が光っていた。そして涙でくしゃくしゃになった顔をこちらに向けて微笑んだ。

　その後，引き続き起きた堺市の「O-157」のときも支援を要請され，あると

156

きは心労の激しい校長に一日中寄り添ったこともある。さらには，大阪教育大学附属池田小学校の殺傷事件のときにも大阪府臨床心理士会の責任者として仲間とともに支援に加わった。

　これらの経験は，一方では苦しみを味わうが，もう一方では，専門性を社会の中で生かし機能しているという実感があり，二つの気持ちの混じりあった複雑なものである。そしてなによりも，カウンセラーとしての私に新たな問題意識と課題を投げかけてきている。すなわち，カウンセラーは相談室から出て活動することになるので，守りが少なくなるということ。したがって，日頃の実力が試されること。即時対応性が求められること，危機介入の力量を身につけること。基本的には，人間の遭遇する喜び・悲しみ・怒りとはなにか，という視点に立って，喪失体験，退行現象，サバイバーズ・ギルト，PTSD などについての理解とそれらへの関わりを学んでおくこと，そしてなによりも人間的な側面が問われるので覚悟しておくこと，などである。今後，災害に限らず，引きこもりや寝たきり老人などへの支援，犯罪被害者支援などで家庭訪問をする機会が増えると思われるが，カウンセリングはその概念や方法を深め広げなければならない時代がきているのかもしれない。

　再び相談室の話にもどると，昨今では，カウンセリングに来談しても喋らない方や引きこもりの方とお会いするが，それもまた，なかなかうまくゆかない。これらは時代の変遷とともにみられる現象であるので，カウンセリングの在り方も変わる必要があるのかもしれない。学ばねばならないことは多いのである。

　また，幼児虐待のためにトラウマをお持ちの方とも悪戦苦闘している。それは，ご自分はなんとか意識化ができ再構築へと向かいつつあっても，徹底してワーキングスルーしていないと，ご自分に子どもができたときに無意識に虐待したい衝動にかられるという，世代間伝達をしかねない様態があるからである。また，痛ましいのは，結婚した男性から暴力を受け，その腹いせに子どもに当たるケースである。私は，4ヵ月のわが子に気がついたら虐待してしまっている母親の相談にあずかったことがあるが，相談が進むにつれて夫から毎晩暴力を受けていたことが明らかになった。このケースを含めてトラウマのケースに出会うと，痛みとともに思うことがいくつかある。

　その一つは，トラウマという医学モデルの用語であるが，そのクライエント

に与える響きである。悪夢でしかなく，悲劇的で消し去ることのできない，忘れることのできない，あるいは取り返しのつかないという響きである。この点，トラウマということばは，それだけ悲惨でかつ人格形成にダメージを与えることを示唆しているのであり，それはそのとおりだと了解はできる。しかし，私の考えでは，消し去るのではなくて，あるいは忘れるのではなくて，経験したものは経験したものとして傍に置いておきながら，しかし見方の転換をはかることができないか，そのようなことをクライエントとともども試みるところにトラウマの克服があるのではないか，と思っている。すなわち，虐待はクライエントの責任ではないこと，これは，そう思っているクライエントが多いので，なおさらのことであるが，そして虐待のなかでもサバイバルする力をもっていたこと，そしてそれ以来，生きつづけてきたこと，それに気づけるよう援助している。しかしこれは，からだに染み込んでいるトラウマとその反応に関わることであり，それは至難の業である。そこで，まず許容的で畏敬の念をもちながら対峙するのであるが，私の全人格的関わりでもって応答するものである。そしてそのような虐待に対する見方，価値観の転換を図るのである。

　たとえば，性的虐待を受けた若い女性の場合，開示することには躊躇や抵抗があることが見て取れる。一方，カウンセラーの私の方も年はとっていても男である。正直に言えば，ときに性的魅力に引き付けられる衝動を感じるときもある。そういうときはクライエントとも自分とも対峙できていなく，うまくゆかないのである。これでは見方の転換どころではない。ある失敗例は，カウンセリングを継続中のクライエントから，「愛情に飢えていた」ので自らレイプされたとの報告を受けたことがあったが，それがそうである。そのときには，カウンセラーの私がもっとしっかり受けとめることができていたら，そんなことにはならなかったのにと大いに罪悪感に襲われた。同時にくたくたに疲れを覚える。この例でも分かるように，クライエントとの距離を適度に保ちながら関わることは難しい。近づき過ぎても依存されるし，遠すぎても上記のようになるからである。

　しかし，最近は，ひとりの人間が女性であるがために受けた屈辱の痛みと怒りの大きさや深さに，カウンセラーの私は恐れおののきながら，男であることも忘れて，同時代に生きる同胞として真摯に直面できている自分を感じている。

そのようなときクライエントは重い口を開き，カウンセラーとの人格的関わり
をもちはじめ，虐待に対する見方の転換を志向するのである。痛みや怒りを伴
いながらの開示であるが，それゆえ，そのこと自体がカウンセラーである私に
は畏敬に値するものであるが，クライエントはこれまで誰にも言えなかった未
完結の経験を言語化しながら完結へと自ら導いて，そして屈辱に耐えサバイバ
ルする力を持っていた自らに気づいていくのである。クライエントは「私にそ
んな力があるなんて思いもしなかった」「そのような見方をしてなかった」な
どと自らに感動する。その場に居合わせたカウンセラーの私も心を動かされる。
それはスピリチュアルな経験とでも言ったらいいのであろうか，純粋なクライ
エントとの関係性の樹立を含めて，真に透明な経験をする。そしてそのような
とき，私はカウンセラーとして機能していると感じることができている。そし
てクライエントのサバイバルしてきたことに対しては「勲章」あるいは「優勝
メダル」に値すると，私の感じを伝えることにしている。

　このようなスピリチュアルな経験が私を支えているが，それはまたカウンセ
ラーへの道の深さの限りなく，そして神秘的なことであることを教えてくれて
もいる。そしてそのことが，私をあくなくカウンセリングの虜にさせるところ
のものとなっている。

カウンセラーとしての将来像

　私はカウンセラーとしての自らの将来像として，一つには，ここ何年か学会
などのワークショップで試みてきた「コスモロジーと癒し」のテーマをさらに
展開させることがある。それは，からだのもつ小宇宙性と関わる擬人法である。
たとえば，胃の弱い方（神経性の胃炎など）が来談すれば，擬人法でその
“胃”になってみて，“からだ”との対話をカウンセリングの治療的招きとして
勧めるのがそうである。具体的には，「あなた（からだ）が人と会うとき緊張
するから，そのストレスが私（胃）にくるんだ」と“胃”が訴えると，はじめ
は「それはお前（胃）が弱いせいだ」と言い張っていた“からだ”が，漸次，
「知らなかった，ごめんね」という具合にイメージの中で対話する方法である。
試みてみると，なかなか有効であるが，最近は，1999 年の国際学会発表以来，

それをさらに進めて「エコロジカルな心理療法」と名づけて生態学的手法や環境とのコンタクトをはかる方法へと展開をはかっている。たとえば，クライエントが誰にも分かってもらえない生い立ちからの過酷な運命を，カウンセラーの介入により，「鎮守の森の古木が知っていてくれている」と，環境の中にそのつながりを求めるというのがその例である。私の考えでは，基本的に言って，人が苦しむのはつながりが断たれたときであり，それゆえカウンセリングはそのつながりを回復することであると考えられるが，ここでは詳細に述べる紙面の余裕がない。この関わり方の拠り所は，「ディープ・エコロジー」と呼ばれているものに近似で，エコロジーの語源である「オイコス」，すなわち地球上の構成物はみなつながり合っていて，「地球という家」の一員であるという考え方とも相通じるものである。

　これらの展開は，私の今までの経験や専門性のなかから一つの方向性として導き出されてきたものであるが，もう一つの将来像は，年老いた私のイメージでしかないが，どこか田舎の街の一隅で，白髪の老人として生きている姿である。カウンセラーという資格も呼称もなく，ボロをまとい，ただの一人の人として在るのだが，三々五々訪ねる人がいてことばを交わす。それはカウンセリングというより穏やかな禅問答のようなものだが，人びとは喜んで帰っていく。いわば老賢者のイメージと言えばあまりにもかっこが良すぎるが，それはかつて私自身が窮地に追い込まれたときに夢に出てきて助けてくれた古老のイメージと重なっているのである。それに若いころからの私の夢は現代版「駆け込み寺」をつくるということであったが，それにもつながっているのかもしれない。

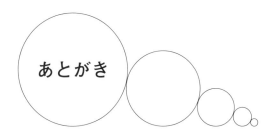

あとがき

　まず，本著をお読みいただいたことに感謝したい。『心理臨床の視座の転換をめざして』と題して，いままでの論文11編を掲載したが，読者のみなさまにはどのように映り，どのような感想をお持ちになられたであろうか。少しでも心理臨床に携わっている方々への刺激になれば幸いである。

　この著書が刊行される運びとなったのは，またしてもナカニシヤ出版編集部の宍倉由髙氏のおかげである。学会賞を受賞した記念に，出版を急ぐ必要があった私は，期日が切迫していて出版を引き受けてくれるところがなく途方に暮れているところへ，「引き受けましょう」と快諾してくれた。いつもながらの氏の，著作しようとするものへの思いやりが感じられて嬉しかった。感謝に耐えない。

　以下に初出の出典を掲載して転載許可をいただいたお礼としたい。

初出一覧

第1章「スピリチュアルな経験」
　　　「スピリチュアルな経験」倉戸 ヨシヤ（編）(2012).『ゲシュタルト療法入門』
　　　（pp. 51-58）金剛出版

第2章「いと"弱き"もの：その視座の転換」
　　　『人間性心理学研究』第21巻第2号，1-8.（2003）

第3章「怒りはひとりでには惹起されない：そのメカニズムの探求」
　　　『臨床ゲシュタルト療法研究』第2号，5-16.（2017）

第4章「現代の"魔女狩り"と人間性：人間の性（さが）との闘い」
　　　『人間性心理学研究』第28巻第2号，129-138.（2011）

第 5 章「包括的心理臨床における "癒し" の研究：バリ島における調査から」
　　　『福島学院大学大学院附属心理臨床相談センター紀要』第 4 号，3-9.（2010）

第 6 章「老若のつながり」
　　　氏原 寛・山中 康裕（編）（1993）．『老年期のこころ』第 8 章（pp. 268-284）ミネルヴァ書房

第 7 章「老いにみる男らしさ」
　　　『現代のエスプリ』別冊　セルフ・アイデンティティ：拡散する男性像（pp. 117-126）至文堂（2007）

第 8 章「教師から見た教育の可能性」
　　　『人間性心理学研究』第 22 巻第 1 号，49-61.（2004）

第 9 章「幼児・児童・生徒への大震災時の心のケア：その功罪と教職員が二次災害にならないために」
　　　『福島学院大学大学院附属心理臨床相談センター紀要』第 5 号，11-22.（2011）

第 10 章「若者の心の問題と心理的援助」
　　　『福島学院大学大学院附属心理相談センター紀要』創刊号，5-9.（2008）

第 11 章「気がつけばカウンセラー：私は何故カウンセラーになったか」
　　　一丸 藤太郎（編）（2004）．『私はなぜカウンセラーになったか』「気がつけばカウンセラー」（pp. 135-156）創元社

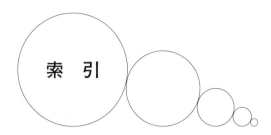

索　引

事項索引

人名・団体名

著者略歴

1936 年 埼玉県久喜市生まれ

1959 年 同志社高校より推薦にて同志社大学文学部心理学専攻卒（文学士）

1959-1971 年 大阪社会事業短大（現大阪府立大学）助手・講師・助教授

1972 年 Springfield College Graduate School 修士課程修了（M. Ed.）

1975 年 University of Massachusetts Graduate School of Education 博士課程修了（Ed. D.）

1973-1975 年 University of Massachusetts（Teaching Assistant）

1975-1976 年 San Francisco State University Graduate School（Lecturer & Counselor）

1978 年 San Diego Gestalt Training Center より Diploma 取得

1976-1984 年 甲南大学文学部助教授・教授

1984-1992 年 鳴門教育大学大学院生徒指導講座教授（将来構想委員長）

1992-2000 年 大阪市立大学生活科学部教授 1998-2000 年 学部長（定年退職 大阪市立大学名誉教授）

2000-2007 年 関西大学社会学部教授

2007-2012 年 福島学院大学大学院教授

2009 年度日本人間性心理学会学会賞

2018 年度日本心理臨床学会学会賞

San Francisco State University（1986），University of Illinois（1980），University of St. Petersburg（1995），以上 Visiting Professor or Scholar；大阪大学人間科学部（1980／1989），九州大学大学院教育学研究科（1993），富山大学教育学部（1989），岡山大学教育学部（1994），徳島大学教育学部／総合科学部（1986-1988），琉球大学教育学部大学院（2000），武庫川女子大学文学部／大学院（1998-1999），長崎純心大学（1998-2013），南山大学（2002-2007），上智大学グリーフケア研究所（2010-2013）などの非常勤講師。

日本心理臨床学会理事，日本臨床心理士資格認定協会評議員，日本人間性心理学会理事長，日本心理学会終生会員，大阪府臨床心理士会会長，APA（Life time member），International Gestalt Therapy Association（Board member），Phi Delta Kappa などを歴任。現在，日本心理臨床学会名誉会員。

〈主な著書・訳書〉

「被災地における教師のストレス」（青土社），「心を蘇らせる」（河合隼雄編・講談社），「悲嘆の中にある人に心を寄せて」（高木慶子編・上智大学出版），「ゲシュタルト療法」（駿河台出版），「ゲシュタルト療法入門」（編著・金剛出版），「エンプティ・チェアの心理臨床」（編著・至文堂），「夢分析の実際」（河合隼雄・鑪幹八郎編），「私はなぜカウンセラーになったか」（一丸藤太郎編・創元社），「Gestalt Therapy Around the World」（O'Leary, Ed., Wiley-Blackwell），「The Gestalt Approach and Eye Witness to Therapy」（F. Perls の監訳）（「Gestalt Therapy Verbatim」（F. Perls の監訳）など。

心理臨床の視座の転換をめざして

2018 年 11 月 20 日　　初版第 1 刷発行　　定価はカヴァーに
　　　　　　　　　　　　　　　　　　　　　表示してあります

著　者　倉戸ヨシヤ
発行者　中西　良
発行所　株式会社ナカニシヤ出版
〒 606-8161　京都市左京区一乗寺木ノ本町 15 番地
Telephone　075-723-0111
Facsimile　075-723-0095
Website　http://www.nakanishiya.co.jp/
Email　iihon-ippai@nakanishiya.co.jp
郵便振替　01030-0-13128

装幀＝白沢　正／印刷・製本＝創栄図書印刷株式会社
Copyright © 2018 by Yoshiya KURATO
Printed in Japan.
ISBN978-4-7795-1335-0 C3011